사랑이 다시 살게 한다

가장 소중한 것을 잃었다고 느끼는 너희는 복이 있다.
그때에야 너희는 가장 소중한 분의 품에 안길 수 있다.
(마 5:4, 메시지성경)

사랑이 다시 살게 한다

지은이 | 김동선
초판 발행 | 2022. 2. 16
등록번호 | 제1988-000080호
등록된 곳 | 서울특별시 용산구 서빙고로 65길 38
발행처 | 사단법인 두란노서원
영업부 | 2078-3352   FAX | 080-749-3705
출판부 | 2078-3331

책값은 뒤표지에 있습니다.
ISBN 978-89-531-4140-7 03230   Printed in Korea

독자의 의견을 기다립니다.
tpress@duranno.com www.duranno.com

두란노서원은 바울 사도가 3차 전도여행 때 에베소에서 성령 받은 제자들을 따로 세워 하나님의 말씀으로 양육하던 장소입니다. 사도행전 19장 8-20절의 정신에 따라 첫째 목회자를 돕는 사역과 평신도를 훈련시키는 사역, 둘째 세계선교(TIM)와 문서선교(단행본·잡지) 사역, 셋째 예수문화 및 경배와 찬양 사역, 그리고 가정·상담 사역 등을 감당하고 있습니다. 1980년 12월 22일에 창립된 두란노서원은 주님 오실 때까지 이 사역들을 계속할 것입니다.

유나 아빠의
애도 일기

|

사랑이
다시 살게 한다

김동선 지음

두란노

차례

3부 ● 수용의 계절을 지나며 _ 겨울을 견뎌 내다

내가 만난 찌르는 가시 같은 하나님보다 더 독한 야수 같은 하나님을 저자가 만났다. 자녀들은 독립하기 전까지 부모의 일상이다. 그 일상인 자녀를 잃었으니 허기진 배를 채우는 곡기마저도 미안해서 어쩔 줄 모른다. 그러나 저자는 일상을 파괴하는 야수 같은 그 하나님이 자기 아들을 내어주신 사랑 앞에서 무기력한 존재로서 슬퍼할 수 있는 힘을 얻었다. 또한 죽음 앞에서 만난 슬픔의 공간에서 가족, 친구, 성도들의 잦은 방문으로 사랑으로 충만한 유나의 세상을 발견하며 서서히 일상으로 돌아온다.

코로나19로 500만 명이 넘는 인류가 죽음을 맞이했다. 그러나 우리는 감염을 두려워하고, 가족을 잃은 상실에 대해 냉랭하고, 울 힘조차 없다. 유나의 죽음을 통하여 우는 아빠, 한 인간 동선은 사랑의 그리움으로 슬퍼할 수 있는 진실과 삶의 혼란스러움을 이겨내는 굳은 소망을 나눠 준다. 이 거대한 죽음의 시대에 자신의 울음으로 우리를 위해서 대신 울고 있다. 유나야, 아빠를 통해 너의 이야기를 듣고 나도 네가 보고 싶다. 곡기로 허기진 배를 채우며.

김병년 다드림교회 담임목사

2018년 3월 15일, 유나가 떠난 날을 생생히 기억한다. 그전까지 내가 알고 지내던 유나 엄마, 아빠는 그날로 다시 만날 수 없었다. 그들은 유나와 함께 죽었다. 기막힌 상실에 대해 너무 일찍 하나님의 뜻과 섭리를 말하는 친구를 보면서 불안했는데, 나중에 애도 일기를 통해 정직하고 용기 있게 현실을 있는 그대로 직면하고 수용하는 것을 보면서는 안심하였다. 충분히 슬퍼하고, 느릿느릿 애도하고, 믿음과 회의 사이를 왔다 갔다 하는 것을 보면서 참 다행이다 싶었다. 결국 유나 몫의 삶까지 기어이 잘 살아 내겠다는 비장함마저 덜어 냈을 때 친구의 눈은 어린아이 같아져 있었고, 유나를 닮은 부모가 되어 있었다.

그들의 사랑으로 유나가 태어났듯이, 유나의 사랑과 유나를 향한 사랑으로 그들은 새로 태어났다. 유나는 죽음으로 부모에게 자식 잃은 하나님 아버지의 심정을 가르쳐 주었고, 그 죽음이 사랑이 되는 신비를 온몸으로 알게 해 주었다. 친구의 애도 일기는 한 생명을 떠나보내고 다른 생명을 맞아들이는 '의식' 같은 것이고, 느닷없는 이별과 상실이 일상이 된 야만의 시대에 죽음과 슬픔에게 예의를 갖춘 고백이다.

박대영 광주소명교회 책임목사, 〈묵상과 설교〉 편집장이 책을 읽고 또 읽었다. 죽음보다 더 큰 '상실'이라는 개념은 우리의 삶에 셀 수 없이 많은 일로 다가오는 흔한 경험이기도 하다. 우리는 관계를 통해 상실을 경험하면서 고통받고, 고통 때문에 비탄을 느끼고, 충분히 비탄을 흘려보내며, 애도의 단계로 접어들어 회복되어 간다.

죽음이라는 깊은 상실과 절절한 비탄과 애도의 과정을 통해 승화된 삶의 가치를 생생하게 신앙적으로 그려 낸 이 책은 읽는 이로 하여금 같이 아프고 같이 회복되어 가는 특별한 경험을 선사한다. 누군가를 잃어서 아픈 사람, 삶에서 소중한 것을 상실하여 고통스러운 사람, 혹은 상실의 아픔에 빠져 있는 소중한 이를 이해하고 싶은 사람에게 이 책을 진심으로 권한다.

어떤 말은 그것을 겪어 낸 사람의 입에서 나올 때 그 진정성이 가장 절절히 느껴지곤 한다. 너무나 평범한 말이고 널리 익숙해져 버린 말일수록 그렇다. 깊은 고통의 애도 과정을 독자에게 전하는 저자의 글은 한 문장, 한 문장이 살아 있고 아프고 아름답다.

이 책을 덮을 때 나는 죽음을 향해 가는 오늘, 이 시간을 어떻게 살아야 하는지, 또 어떻게 살고 싶은지에 대한 실존적인 질문을 깊이 탐색해 볼 수 있었다. 그리고 많은 독자가 이 책을 덮을 때 그런 실존적 질문을 통해 자신의 삶을 더욱 의미 있고 아름답게 살아 낼 것이라 확신했다. 아픈 자신의 경험을 담담히 글로 적어 가며 눈물과 그리움과 사랑과 감사로 선물하고 있는 저자에게 깊은 감사의 마음을 건네고 싶다.

박재연 리플러스 인간연구소 소장, 《나는 왜 네 말이 힘들까》 저자

처음에는 잃어버린 사람을 한없이 그리워한다. 정신을 차리고 나면, 빈자리에 남아 있는 것들이 비로소 눈에 들어온다. 떠난 자의 유품과 추억들을 되돌아보며 또 운다. 남아 있는 가족들은 물론 나 자신도 이제는 전과 같지 않다. 세상의 고통, 인간의 무력과 무지, 답 없는 삶의 과제들도 다른 무게로 다가온다. 하물며 하나님은 어떠한가? 이해되지 않는 하나님, 침묵하시는 하나님, 동시에 여전히 사랑하시는 하나님을 마주하기란 정말 쉽지 않다. 이처럼 상실은 남겨진 자의 존재 전부를 완전히 헤집어 놓는다.

이 책에는 소중한 사람을 잃어버린 후 뒤죽박죽된 자신과 세상, 그리고 하나님을 다시 만나게 되는 여정이 소박하게 그려져 있다. 책장을 넘기다가 때로는 가슴이 아파서, 때로는 가슴이 벅차서 코끝이 찡해져 온다. 상실의 고통과 그 속에서 더 환히 빛나는 영원한 소망이 함께 비치기 때문이다.

유한익 소아청소년정신과 전문의, 《같이 있는 부모, 가치 있는 아이》 저자

2018년 3월 15일. 못다 핀 봄꽃처럼 사랑하는 딸이 우리 가족의 품을 떠났다. 갑작스러운 뇌출혈로 손도 못 써 보고 떠나보냈다. 병원에 간 지 24시간도 안 된 시점이었다. 딸의 뇌 속에서 아무도 모르게 종양이 자라고 있었다. 이 종양이 자랄 대로 자라 출혈이 생긴 것이다. 병원에 갔을 때는 이미 조치를 취할 수 없는 상태였다. 그렇게 갑작스러운 죽음에 우리 가족 모두는 당황스러웠다. 아무런 준비 없이 이별해야 했기 때문이다. 마치 평온한 삶에 테러를 당한 꼴이었다.

　소설가 박완서 선생은 아들을 잃은 자신의 심정을 '참척의 고통'이라 표현했다. 자손이 부모나 조부모보다 먼저 죽는 일을 '참척'(慘慽)이라고 한다. 이 단어는 '참혹하다', '혹독하다', '비참하다'를 뜻하는 한자와 '근심하다', '서러워하다', '슬퍼하다'를 뜻하는 한자가 만나서 만들어졌다. 이렇게 어려운 단어를 내가 찾아보리라고는 상상도 못했다. 남들은 이해하기도, 경험하기도 쉽지 않은 일이 내게 일어났다.

3년이란 시간 동안 '참척'이라는 단어의 의미를 곱씹었다. '참혹하다', '혹독하다', '비참하다'라는 단어 등으로 내가 당한 슬픔을 다 담아낼 수 없겠다 싶다. 이 마음을 어찌 말과 글로 담아낼 수 있을까. 차라리 끙끙대며 울어 내는 소리로 표현하는 것이 훨씬 쉽다.

그럼에도 이렇게 세상에 글로 내어놓는 데는 몇 가지 이유가 있다. 떠난 딸의 삶을 기념해 주는 일이다. 7년 6개월이라는 비록 짧은 생애를 살았지만, 내 딸아이는 자신에게 주어진 삶을 최선을 다해 살아 냈다. 마치 일흔여섯 해를 산 사람처럼 자신에게 주어진 삶을 충실히 살았다. 아버지로서 이 딸의 삶을 축하해 주고 싶다.

또한 이 딸이 세상에 차마 전해 주지 못한 이야기가 있다고 생각했기 때문이다. 누구나 의미 있는 삶을 살기 원한다. 그 의미가 자신이 떠난 뒤에도 남겨지기를 바랄 것이다. 내 딸도 마찬가지다. 딸이 세상에 전하고 싶은 이야기를 대신 전해 주는 것이 아비에게 남겨진 육아의 숙제라 생각한다.

또 바람이 있다면, 지금 상실의 고통을 받고 있는 이들의 손을 잡아 주기 위함이다. 상실의 여정을 통과하는 동안 나 혼자 이 고통을 겪었던 것이 아님을 알게 되었다. 이 사망의 골짜기를 먼저 걸어간 수많은 인생의 선배가 있었다. 그들이 남겨 준 발자국은 내게 계속 걷게 하는 용기를 주었다. 내 발 걸음 또한 이 길에 들어선 또 다른 이들을 위한 이정표가 되길 바라는 마음이 생겼다. 마치 산티아고 길에서 순례자들이 길을 잃지 않도록 안내하는 표석들 같은 역할 말이다.

결혼식 때 딸아이의 손을 꼭 잡고 함께 예식장을 걷고 싶었다. 내 손으로 다음 인생의 동반자에게 보내 주고 싶었다. 하지만 나는 그 대신 딸아이를 관 속에 담아 화장장을 걸어야 했다. 내 손으로 내 딸을 하늘의 아버지께 보내 드렸다. 이런 경험을 하는 일이 흔치는 않지만 없을 수는 없기에, 나와 같은 길을 걷는 이들을 위해 내 삶의 기록을 함께 나눈다.

아무도 상실의 고통을 받는 자들의 마음을 온전히 이해해 줄 수 없다. 남의 슬픔을 대신 슬퍼해 줄 수는 없다. 다른 사람의 그 어떤 고통도 나 자신이 겪는 고통보다 크지 않은 법이다. 각자 자신의 슬픔을 오롯이 감내해야 한다. 대신 함께 주저앉아 울어 줄 수는 있겠다 싶다. 먼저 눈물을 흘린 자와 지금 눈물을 흘리고 있는 자와 앞으로 눈물을 흘리게 될 자가 함께 울 수는 있을 것이다. 이렇게 한바탕 울고 난 후에는 함께 손을 잡고 일어날 수도 있겠다 싶다.

딸을 먼저 보낸 것이 자랑일 수도 없고, 혹여나 딸 팔아 장사한다는 소리를 들을까 봐 겁이 나기도 한다. 하지만 용기를 내 세상에 내놓는다. 이 글이 오늘도 상실의 고통으로 신음하고 있는 영혼들의 마음을 어루만져 주기를 바랄 뿐이다.

이런저런 이유로 삶의 방향과 의지를 상실한 채 방황하는 이들도 있다. 이 글이 주저앉아 넋을 놓고 있는 자들에게 속삭이는 작은 희망의 노래가 되기를 기도한다. 그들이 절망의 자리에 머물지 않고 한 걸음 다시 걷게 되기를 바란다.

이 글은 상실 여정을 통과하는 내 영혼의 순례다. 때로는 눈물의 골짜기를 통과할 때가 있었다. 매서운 사막 바람에 쓰러질 때도 있었다. 추운 겨울을 홀로 버텨 내야 할 때도 있었다. 그러다가 봄비에 마음 녹아 흐르던 때도 있었다. 그 모든 여정에서 흘린 눈물을 잉크 삼아 한 걸음, 한 걸음 순례하듯이 이 글을 썼다. 이 순례의 여정은 놀랍게도 새로운 하나님과 새로운 세계로 나를 이끌어 주었다. 이 글의 독자들도 함께 걸으며 이 여정의 끝에 서 계신 자비하신 아버지의 품을 만나기를 바란다.

그대, 나와 함께 이 순례의 여정을 걷겠는가?

1부

상실의 계절을 지나며

꽃잎이

떨어지다

고인은 일곱 살, 상주는 열 살

새벽부터 비가 부슬부슬 내렸다. 우리는 새벽길을 달려 화순에서 광주로 넘어왔다. 아내와 아들과 함께. 우리 중 어느 누구도 어떤 말도 할 수가 없었다. 지난밤에 엄청난 사건이 벌어졌다. 큰 충격을 받았지만 오히려 정신은 말짱했다.

도착한 장례식장은 불이 꺼져 있었다. 늘 우리 가족이 오가며 지나치던 장례식장이었다. 선진 장례 문화를 선도하며 고인의 가시는 길을 평안하게 모신다며 방문을 환영한다던, 그 광고 서비스의 주인공이 우리가 되었다.

담당 직원이 출근하기에는 이른 시간이었다. 숙직을 담당한 직원과 함께 대충 서류를 작성했다. 어떻게 서류를 작성했는지 기억도 나지 않는다. 다만 딸의 이름을 써 넣고, 몇 살이냐는 질문에 한참 동안 생각을 해야 했다. 2010년에 태어났다 했더니 직원이 만 7세 적었다. 접객실을 정하고 아들과 아내를 먼저 집으로 보냈다. 샤워도 해야 했고, 갈아입을 옷이 필요했다. 무엇보다도 영정 사진이 있어야 했기 때문이다.

가족들을 보내고 교회에 연락을 드렸다. 누구든 와 주시
길 부탁드렸다. 그러곤 접객실 3층과 2층 계단 사이에 홀로
주저앉았다. 눈물이 왈칵 쏟아졌다. 중환자실에서도, 장례식
장 예약실에서도 참아 왔던 눈물이 쏟아졌다. 살면서 나 스
스로가 그렇게 비참하게 느껴졌던 적이 없었다. 세상에 종말
이 온 듯했다.

9시가 되자 빈소를 알리는 형광판이 업데이트되었다. 그날
101호 특실부터 총 네 개의 빈소가 차려졌다. 고인 1 김○○
98세. 고인 2 정○○ 94세. 고인 3 최○○ 78세. 그리고 제일
마지막에 내 사랑하는 딸과 가족들의 이름이 등장했다.

고인. 김유나 만 7세

상주. 김유진(오빠)

유가족. 부모 김동선, 이영미

형광판에 나타난 안내 중에서 우리 가족이 제일 단출했다.
다른 유가족들은 아들, 며느리, 딸, 사위, 손자, 손녀, 증손주
까지 이름이 적혀 있었다. 우리는 다 합쳐서 네 명이었다. 나
이도 유나가 고인 중에서도 제일 어린 고인이었다. 유나의

나이는 너무도 터무니없이 어리게 보였다. 게다가 자식을 잃은 부모는 상주 노릇도 할 수 없다는 사실도 처음 알았다. 하는 수 없이 세 살 많은 오빠 유진이가 상주에 이름을 올렸다.

전날 밤에도 침대에 이불로 텐트를 만들고 놀아 주던 다정한 오빠였다. 손전등을 켜고 동생에게 책을 읽어 주던 오빠였다. 유진이가 유나 생일 선물로 '책 읽어 주기 쿠폰'을 주었는데, 유나가 떠나기 전 이 쿠폰을 다 사용한 것이다. 아들의 책 읽어 주던 소리가, 내 딸의 너털웃음 소리가 아직도 생생한 가운데 한참을 멍하니 형광판을 바라보았다.

올킬

'올킬'(All Kill)이라는 낱말이 생각났다. 영어로 '모두'를 뜻하는 'All'과 '죽이다'라는 의미인 'Kill'의 합성어인데, 주로 게임이나 스포츠에서 사용된다. 그 의미는 '상대를 모두 제압하다' 등일 것이다. 그렇게 게임에서나 등장할 법한 말도 안 되는 일이 우리 가족에게 벌어졌다.

수원에 사는 외사촌 형님은 '동선이 애'가 죽었다는 소식을 '동선이가 죽었다'로 알아듣고 장례식장으로 울며 달려오셨다. 아내의 고모님들은 '누나 애'가 죽었다는 처남의 울먹이는 소리를 '누나, 즉 내 아내가 죽었다'는 것으로 알아듣고 인천에서 다 같이 내려오셨다.

우리가 다니는 교회의 한 집사님은 '유나가 죽었다'는 소리를 '유진이가 죽었다'는 것으로 알아들으셨나 보다. 봉투에 "유진아, 천국에서 다시 만나자"라고 써서 오셨다. 나중에 그런 종류의 봉투가 또 하나 나왔다.

장례식장에 들어와서 멀쩡하게 살아서 손님을 맞는 내 모습에 외사촌 형님은 엄청 놀라 멈칫하셨다. 멀리서 모두가 이렇게 찾아오셨냐는 아내의 말에 고모님들도 당황해하며 자리에 앉으셨다. 아들을 문상하러 오신 교회 집사님은 멋쩍어하며 서둘러 가셨다.

그렇다. 우리 가족 모두가 그날 죽었다. 우리 가족 구성원 모두가 자신의 죽음을 경험한 것이나 마찬가지였다. 자식이 죽을 때 부모도 함께 죽은 것이라고 한 목사님이 찾아와 말씀해 주셨을 때 참았던 눈물이 왈칵 쏟아졌다.

유나가 죽었을 때 유나 아빠, 유나 엄마, 유나 오빠는 함께 죽었다. 남은 우리 가족은 더 이상 어제의 나, 어제의 아내, 어제의 유진이가 아니었다. 자신의 존재의 일부, 정체성의 일부가 사라졌다. 그것을 빼고 나머지가 살아남는다는 것은 상상할 수도 없다. 그러하기에 전부가 죽은 것이나 마찬가지였다. 유나 아빠로서 나의 정체성은 목사, 남편, 아들의 아빠로서의 정체성과 구분할 수 없었다. 하나가 죽으면 전부가 죽는 것으로 다가왔다.

죽음을 경험하기엔 고인도 너무 어려웠고, 부모인 우리도 어려웠고, 상주 노릇을 하는 아들도 너무 어려웠다. 원치 않는 죽음의 경험이 우리 가족을 어디로 인도할지 몰랐다. 그저 지켜볼 수밖에 없었다.

입관

자식의 장례 절차는 서둘러 간소히 치르는 것이라는 말을 들었다. 빈소를 차리지 않고 바로 화장하는 경우도 있다고 했다. 알리지 않고 접객 없이 가족끼리 추모하기도 한다고 들었다. 어찌할지를 몰랐고 당황스러웠다. 내 가족 장례는 사전에 생각조차 못해 본 일이었다.

하지만 아무도 모르게 조용히 유나를 보낼 수는 없었다. 갑작스럽게 우리 곁을 떠났기에 그 누구도 잘 가라는 인사를 하지 못했다. 남은 사람들끼리라도 인사를 주고받으며 마음으로 떠나보낼 기회가 필요했다. 대신 모든 절차를 2일 장으로 마무리하기로 했다.

갑자기 바빠졌다. 서둘러 접객실을 준비했다. 영정 사진은 당연히 준비된 것이 없었기에 유치원 졸업 때 찍은 사진을 올려놓았다. 그다음에 유나를 담을 관을 정하고, 입힐 수의를 정하고, 손님을 대접할 음식을 정했다.

그렇게 준비를 마치고 지하로 내려갔다. 입관을 해야 했다. 가만히 누워 있는 유나를 살짝 만져 보았다. 볼에는 아직 체온이 남아 있는 듯했다. 장례 지도사가 유나의 시신을 염할 때 애를 먹었다 했다. 피가 아직 굳지 않아 수술한 구멍으로 계속 나왔기 때문이다. 사망한 지 아직 다섯 시간이 채 안 된 시간이었다.

뇌 수술로 머리를 밀어 유나의 얼굴이 더욱더 환하게 드러났다. 얼굴은 살짝 하얗게 화장이 되어 있었고, 반짝이는 립스틱이 살짝 묻어 있었다. 유나가 평소에 좋아했던 분홍색이었다. 수의를 입혀 놓은 것을 보니, 태어날 때 모습과 어쩌면 그렇게 똑같은지. 태어나 간호사가 강보에 싸 놓은 모습과 예쁘게 장례를 위해 준비된 모습이 오버랩되었다. 맨몸으로 와서 맨몸으로 떠나는 자식의 모습을 보게 되었다.

장례식장에서 준비한 수의에 비해 유나의 몸은 너무나도 작았다. 장례 지도사의 도움으로 직접 나무 관에 유나의 몸을 뉘었다. 유나를 받아 안아 아기 침대에 올려놓았던 생각이 났다. 장례식장에서 나무로 만든 작은 관을 준비해 주었으나 아이의 몸을 누이고도 공간이 많이 남았다. 부모가 채워 주어야 할 사랑이 아직 많이 남아 있다는 듯이 말이다.

관의 뚜껑을 닫기 전에 마지막으로 볼에 키스를 해 주었다.

'유나야 잘 자렴.'

관 뚜껑을 닫으며 고정할 때 나던 "쾅", "쾅" 소리가 내 마음에 못을 박았다. 이제 다시 아이의 얼굴을 볼 수 없었다. 아빠가 관에 고인의 이름을 적으라 해서 딸이 담긴 작은 관에 "김유나 사랑해"라고 적었다.

아내와 어머니, 장인, 장모님이 함께했다. 유진이는 감당하기에는 너무나 어려서 함께하지 못했다. 어머니와 장인, 장모님은 갑작스러운 입원 소식에 손녀 문병하러 오셨다가 장례라는 날벼락을 맞으셨다. 우리는 서로의 손을 붙들었고 겨우 서 있을 수 있었다. 관에 누워 있는 손녀뿐 아니라 자식을 잃은 자녀를 지켜보고 있어야 하는 부모님의 가슴도 찢어졌으리라.

그렇게 체온이 아직 느껴지는 유나의 몸을 관에 뉘었다. 우리 모두는 아직 이별할 준비가 되지 않았는데 모든 절차가 너무나도 야속하게 빨리 진행되었다. 무엇이 모든 상황을 그렇게 빨리 몰아갔는지는 아직도 잘 모르겠다.

발인 예배

모두가 기가 막히고 지쳐 있었지만 서로를 위로하며 밤을 지새웠다. 어머니, 형님 내외, 외사촌들과 처남들이 밤새 빈소를 지켰다. 평소 멘토가 되어 주셨던 진안의 김 목사님 부부와 가깝게 지냈던 인생 선배 포항의 서 집사님 부부도 함께해 주셨다. 모두 오늘은 힘을 내야 한다며 아침을 든든히 챙겨 먹었다.

서둘러 조문을 받았던 방을 정리했다. 몇몇 성도들과 섬기고 있는 학교 가족들이 미리 오셨다. 선교 파송을 위해 때마침 귀국했던 친구 이 목사와 송 선교사님도 오셨다. 이전 학교의 학부모셨던 류 목사님 내외도, 선교 단체 시절 나의 순장이셨던 임 목사님도 부랴부랴 오셨다.

오전 11시가 되었다. 유진이가 상주로서 고인이 된 동생의 영정 사진을 가지고 나갔다. 유치원 졸업 사진이 담긴 액자였다. 발인 예배 장소는 이미 성도님들과 학교에서 대표로 온

유나가 평소 좋아했던
"예수께로 가면 나는 기뻐요" 찬양을 불렀다.
'유나가 진짜 예수님께 가고 말았구나' 하는
생각을 했다.

학생들로 가득 찼다.

조용한 가운데 예배가 진행되었다. 유나가 평소 좋아했던 "예수께로 가면 나는 기뻐요" 찬양을 불렀다. '유나가 진짜 예수님께 가고 말았구나' 하는 생각을 했다. 학교의 직전 교장이셨던 조 장로님이 기도하셨다. 담임목사이신 전 목사님이 설교해 주셨다. 목이 메여 설교를 자주 멈추시는 모습을 처음 봤다.

뒤에서 훌쩍거리는 소리가 많이 들렸기에 감히 뒤를 돌아보지 못했다. 시선을 어디다 둘지 몰라서 관을 쳐다보기만 했다. 에어컨 바람에 관을 덮은 한쪽 천이 자꾸 위로 올라오는 것이 보였다. 혹시 설교 중에 유나가 벌떡 일어나려고 하는 것은 아닌가 하는 공상에 잠기기도 했다.

예배 중에 나는 눈물이 나지 않았다. 왜 그랬을까. 눈물이 한 방울도 나질 않았다. 나라도 잘 버티고 있어야 한다는 생각에서 그랬을까.

장례식장에서 고인을 잘 모시라고 신청하지도 않은 리무진을 내주었다. 그렇게 우리는 우리 식구 네 명이 마지막으로 함께 행진하는 기회를 얻었다. 이대로 화장장으로 향하기에는 마지막 발걸음이 너무나 소중했다. 유나의 추억이 마지막으로 남아 있는 교회 예배당에라도 잠깐 들려 달라고 말씀드렸다. 유나에게는 이곳이 교회이면서 학교였고 놀이터였다. 지난주 함께 걸었던 교회 진입로를 지나 예배를 드렸던 초등부실을 바라보며 잠시 멈췄다.

'다시는 유나가 이 길을 올 수 없겠구나. 이것이 유나의 마지막 방문이겠구나' 하는 생각에 참고 있던 눈물이 왈칵 쏟아졌다. 그렇게 수완 언덕의 예배당을 산책한 후 육신의 이별을 고하는 화장장으로 함께 마지막 행진을 했다.

화장장

유나를 리무진에 태우고 화장장인 영락공원으로 향했다. 앞
좌석에는 유진이가 동생의 영정 사진을 두 손에 받쳐 들고
앉았다. 나는 아내의 손을 붙잡았다. 창백하고 차갑게 식은
작은 손이 더 불쌍하게 느껴졌다. 운전기사를 제외하고 우리
가족만 오롯이 있게 된 시간이었다. 따사로운 햇빛이 우리를
비추고 있었다. 고요한 시간이었다. 모든 것이 멈춰 버린 시
간이었다. 스쳐 가는 창밖 풍경은 평화롭게 보였다. 마치 폭
풍이 지나간 것처럼.

　화장장에 도착하자 곧 화장 절차에 들어갔다. 먼저 화장 절
차가 진행 중인 유가족들의 곡소리가 들려왔다. 이제 곧 내
차례라 생각하니 더욱더 구슬프게 들렸다. 왜 그랬을까. 나
는 울지 않으려 했다. 이를 더 악물고 웃음 지으며 버티려 했
다. 마지막도 내가 함께 배웅해 주고 싶었다. 맨 앞에서 딸의
관을 들고 성큼성큼 걸었다. 교회의 부목사님들이 함께 들어

주셨다. 성인 여섯 명이 들기엔 관이 너무나 작고 가벼웠다.

작은 수레에 유나의 작은 관을 내려놓았다. "유나야 사랑해"라는 글씨가 눈에 들어왔다. 아내와 유진이를 불러 작별 키스를 부탁했다. 유나의 몸이 가벼워지는 때가 되었다. 문이 열리고 유나의 관이 들어갔다. 주머니 속 휴대폰에서 유나가 좋아했던 "예수께로 가면 나는 기뻐요" 찬양이 무한 반복되고 있었다. 예수님 품을 좋아라 노래했던 딸의 찬송은 이제 천국 환송곡이 되었다.

두 시간을 기다려야 했다. 버스가 두 대나 올 정도로 많은 성도가 유나가 가는 길을 배웅해 주셨다. 유나가 준비해 준 것이니 밥이라도 드시고 가라고 부랴부랴 식당을 잡았다.

유나의 유골함은 핑크색으로 정했다. 유나가 좋아하는 색이다. 두 시간 반 만에 유나는 바람에 날아갈 듯 가벼워졌다. 훨훨 날아갈 것만 같았다. 잠시라도 담아 두고자 유골함에 담았다. 세상에나, 유골함이 엄청 따뜻했다. 유나의 체온이 느껴졌다. 그 온기를 아직도 잊을 수 없다. 그 온기가 얼어붙은 내 심장을 어루만져 주었다. "유나야, 고생했다. 이제 집에 가자"라는 말이 툭 튀어나왔다.

유나의 유골함을 두 손으로 안고 찾아와 주신 분들께 일일이 인사를 드렸다. 유나의 유골함을 따뜻하게 안아 주신 분들이 많았다.

화장 후 이곳 수목장에 뿌려 줄까 하는 생각도 했으나 그렇게 안 하기를 잘했다. 부모 없는 이곳에 아이만 홀로 남겨 두고 가는 것은 아닌 것 같았다. 그랬다면 우리 마음이 더 아팠을 것이다. 유나를 데리고 잠시만이라도 집에 와야 할 것 같았다.

사흘 전 아침에 병원으로 향했던 아이는 이제 유골함에 담겨 집에 돌아왔다. 아내가 유골함을 안고 집 안 구석구석을 돌아다녔다. 유나가 기억하는 마지막 세상, 천사가 머물다 간 흔적들을 추억했다.

며칠만이라도 유골함을 집에 두고 싶었다. 하지만 감당할 수 없을 것을 알았기에 함께 오신 장인께 맡겨 드렸다. 장모님이 유골함을 안고 서울로 향하셨다. 내 곁을 떠나는 유골함의 그 따듯함, 오래도록 품고 싶었다.

부활의 언덕에서

딸의 무덤 앞에서
내가 죽고
아내가 죽고
아들이 죽었다.

딸의 주검이 있는 곳
아니 예수의 주검이 있는 곳
인생의 제로점에 우리는 서 있다.

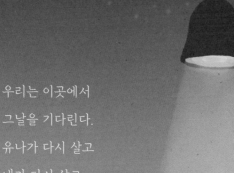

우리는 이곳에서
그날을 기다린다.
유나가 다시 살고
내가 다시 살고
아내가 다시 살고
유진이가 다시 살고

우리는 이곳에서
조심스레 다시 일어난다.
이 절망에서 다시 일어날 수 있는 이유는
나사렛 예수가 더 이상
이 무덤에 없기 때문이다.

사망 신고

4월 5일. 아이의 사망 신고를 위해 행정복지센터로 향했다. 아무런 영혼도 없이, 어떻게 오셨냐는 담당 공무원의 형식적인 질문에 그만, 딸 사망 신고를 하러 왔다고 얼떨결에 말해 버렸다. 내가 얼마나 불쌍한 사람인지 알아주었으면 하는 내 영혼의 무의식적인 호소였는지 모르겠다.

갑작스러운 나의 언어 테러에 나도 물론 당황했지만 담당 공무원 역시 잠시 어쩔 줄 몰라 하며 멈칫하셨다. 잠시 후 그분은 정중하고 친절하게 안내해 주셨다.

내어주신 사망 신고 서류의 빈칸을 채우는 일이 괴로웠다. 이 서류가 완성되면 아이는 공식적으로 이 세상에 존재하지 않는 사람이 되는 것이다. 아이의 몸은 이미 보내 주었다. 서류상으로도 이제 정리해야 할 차례였다. 하지만 마음으로는 차마 보내지 않겠노라 하며 한 칸, 한 칸을 채워 나갔다.

아이의 이름을 쓰고, 부모의 이름을 쓰고, 관계를 적었다.

태어난 날짜를 적고, 사망한 날짜를 적었다. 아이가 이 세상에서 보낸 시간은 손가락 일곱 개면 충분했다. 아이는 너무나도 짧은 인생을 살다가 가 버렸다.

서류를 제출하고 뒤돌아서니 허탈하기가 그지없었다. 사망 신고 후 법무부에서 사망 처리를 해 줄 때까지 일주일 정도 걸린다고 했다. 유나는 이미 우리 곁을 떠났지만 공식적으로 사망이 인정되기까지 며칠 더 살 수 있는 것일까. 피식하고 부질없는 웃음이 튀어나왔다.

일반적인 행정 처리라고 생각하고 나섰지만 쉬운 일이 아니었다. 아무렇지도 않은 듯 행정복지센터에서 연기를 했지만 너무 많은 에너지를 소진해 버린 것 같았다. 무척 피곤해졌다. 도저히 다시 출근할 수 없을 것 같아 반차를 내고 집으로 돌아오고야 말았다. 집에 와서는 소파에 누워 잠이 들었다.

아이가 태어났을 때 출생 신고도 내 손으로 직접 했다. LA 시내에 있는 대사관까지 가는 길은 교통 체증이 무척 심했지만 시간 가는 줄 모르게 신 나게 달려갔다. 받아 든 서류를 한 자, 한 자 채워 가는 수고는 기쁨의 시간이었다. 내 딸이 이 세상에 존재함을 공식적으로 알리는 아빠의 선포식이었다. '내 딸이 공식적으로 대한민국의 국민이 되는구나'라는 생각에 잠시나마 감개무량하기도 했다.

내 딸의 출생 신고를 하는 것은 영광스러운 일이었다. 하지만 아비가 딸의 사망 신고까지 해야 되는 일은 너무나도 서글픈 일이었다. 오히려 내 딸이 내 사망 신고를 하는 것이 자연스러운데 말이다.

며칠 후 의료보험 자격 상실 통지서가 왔다. '혜택 상실자.' 내 아이의 이름과 상실 일자가 나와 있었다. 혜택 상실 이유는 '사망'이었다. 사망 신고가 접수되어 일괄적으로 처리되었나 보다. 그런데 통지서에는 유가족에게 전하는 어떤 위로의 말도 적혀 있지 않았다. 기계적으로 자격 상실 통보 내역만 적혀 있었다. 가족을 잃은 모든 유가족이 이런 유의 통지서를 받겠구나 생각하니 화가 치밀어 올랐다.

유가족들에게 이런 통지서는 더 큰 아픔과 상실감을 가져다줄 것이다. 물론 의료보험공단이 유가족들을 위로해 주어야 하는 의무는 없다. 허나 최소한 "삼가 고인의 명복을 빕니다" 정도의 문구를 넣어 주는 배려가 없는 것이 무례하게 다가왔다. 상대방이 아무 잘못이 없는데 나 혼자 화내는 모양새였다.

이제는 의료보험증서에 딸아이의 이름이 없다. 가족관계증명서에는 딸아이의 이름에 '사망'이라는 단어가 붙어 있다. 우리 가족은 공식적으로 세 명이 되었다. 주민등록등본에 내 가족의 이름이 둘에서 셋으로, 셋에서 넷으로 늘어나는 것을 확인하는 것은 소소한 기쁨이었다. 이제는 이 서류들을 볼 때마다 씁쓸한 웃음을 짓게 됐다.

애타는 시간

전남대병원으로 실려 가는 동안 나는 유나의 눈물을 보았다. 그 작고 하얀 얼굴을 타고 한 방울의 눈물이 흘러내렸다. 유나는 무언가가 잘못되었음을 알고 있었을 것이다. 나는 점점 불안하고 초조해졌다. 이미 말이 없고 의식이 없는 상태가 된 지 한두 시간이 지난 무렵이었다. 단순한 감기인 줄 알고 소아과를 찾았다가 이미 소중한 시간을 다 써 버렸다.

길은 막히고 응급차 기사분은 길을 잘 모르는 듯했고, 일부러 막히는 길로만 가는 것처럼 느껴졌다. 다른 차량들이 응급차 앞을 막고 길을 내줄 생각을 안 했다. 꿈쩍이지 않는 운전자들을 향해 마구 거친 소리를 내질렀다. 그러면서 유나에게 힘을 내라 했다. 사랑한다고 속삭였다. 참 이중적인 내 모습을 보게 되었다.

응급차 안에서 흐느껴 울부짖었다. 나 자신이 하이에나 떼로부터 새끼를 지키려고 안간힘을 쓰는 짐승처럼 느껴졌다.

절대로 빼앗기지 않으리라! 하지만 내가 유나에게 해 줄 수 있는 것은 아무것도 없었다. 불안함과 초조함 속에서 기도 밖에는 해 줄 것이 없었다. 사랑한다 말해 주었다. 그때 유나의 눈에서 눈물이 흘렀다. 그리고 유나가 내 손을 꼭 잡은 것 같았다.

나는 유나가 평소에 우는 모습을 잘 보지 못했다. 유나는 늘 낙천적이고 긍정적이었다. 내가 기억하는 유나의 울음은 태어났을 때 일이다. 미국에서 유학 시절 첫째를 낳은 병원, 디즈니랜드 근처 애너하임 메디컬 센터에서 유나는 태어났다. 아이가 태어나자 간호사가 씻겨서 엄마한테 잠시 안겨 주었다. 젖을 빨려는지 엄마 가슴에서 꼬물거리며 평안하게 있었다. 잠시 후 엄마로부터 떼어 놓자 그때부터 엄청 울어 대기 시작했다. 조금 더 있으니 악을 쓰며 더 크게 울었다. 그때 처음 유나의 흐르는 눈물을 보았다. 그 병원에 있는 동안 유나가 우는 소리가 너무 커서 다른 아이들이 잠을 잘 못 잤다는 소리를 들었다.

전남대병원으로 가는 응급차에서 나는 그 흐르는 눈물을 보았다. 유나는 엄마와 떨어지는 것을 알았을까. 두려워서 그랬을까. 나는 내 손으로 눈물을 닦아 주었다. 사랑한다 계속 말해 주었다. 유나의 잡은 손을 놓고 싶지 않았다.

　전남대병원에 도착해서 이것저것 검사를 했다. 사람들은 많고 의사는 볼 수가 없었다. 흐르는 시간에 비해 책임자는 없어 초조하기만 했다. 검사 결과가 나왔다. 유나의 뇌 속에 종양이 있고, 그곳에서 출혈이 있었다. 응급 수술을 받아야 하는데, 전남대병원에서는 할 수가 없다 했다. 화순에 있는 전남대병원으로 가야 한다 했다. 또 한두 시간이 야속하게 흘렀다. 응급실에서도 수술을 담당하는 의사를 한참 후에야 만날 수 있었다. 참으로 지루하고 두려운 순간이었다.

　유나의 머리를 밀었다. 순간 머리카락이라도 조금 가지고 있어야 한다고 생각됐다. 우리는 초조한데 의사들은 왜 이렇게 천하태평일까 하는 생각이 들었다. 수술실로 들어가는 유나의 뺨에 또다시 눈물이 흐르고 있었다. 우리 부부는 사랑한다 말해 줄 수 있을 뿐이었다.

마지막 눈물

수술을 마치고 돌아온 의사의 얼굴에 아무런 감정이 없어 보였다. 애써 무표정한 모습이었다. 의사는 오늘 밤 '이벤트'가 있을 것 같다는 이야기를 했다. 우리 부부는 그 '이벤트'가 무슨 뜻인지 묻지 못했다. 아니, 묻고 싶지 않았다. 무엇인가 잘못될 것임을 직감했기 때문이다. 시간이 얼마 남지 않았다 했다. 이미 뇌사가 진행 중이라는 것이다. 망치로 머리를 얻어맞은 것 같았다. 이제는 기다림의 시간만이 남았다.

장인, 장모님이 인천에서 서둘러 달려오셨다. 그래도 희망을 가지고 기도하자고 하셨다. 중환자 대기실에 모여 간절히 기도에 매달렸다. 교회에도 알렸다. 수요예배 때 온 성도가 함께 기도하셨다. 기적을 베풀어 주시길 간절히 기도드리셨다.

그렇게 기도하다가 어느새 쓰러져 잠이 들었다. 호출 소리에 화들짝 놀라 일어났다. 새벽 3시였다. 아내는 벌써 저만치 앞서 달려 중환자실로 들어갔다. 유나는 자가 호흡을 할 수 없었다. 이미 떨어지는 혈압과 호흡을 약물 장치로 억지로 겨우 막고 있었다. 불안한 호흡 소리와 심장 박동 소리가 내 귀에 쩌렁쩌렁 울리고 있었다. 아이는 고통스러운지 입술과 손발이 파랗게 질려 있었다. 상할 대로 상한 유나의 모습이었다.

의사가 물었다. 심장이 멈추면 심폐 소생술을 하려느냐고. 어린아이는 뼈가 약해서 만약 심폐 소생술을 하면 갈비뼈가 다 부러지고 내장에 손상이 많을 것이라 담담히 설명했다. 우리는 유나를 더 이상 아프게 하고 싶지 않아 심폐 소생술을 포기했다. 더 이상 약물을 투여하는 것도 포기했다. 그렇게 천천히 유나의 혈압과 호흡이 떨어지고 있었다.

너무도 야속한 시간이었다. 갑작스러운 이별이 다가왔다. 절망 속으로 시간의 열차가 너무 빨리 달려가고 있었다. 멈추려 해도 멈출 수가 없었다. 마지막 작별 인사를 해야 할 시간이 되었다.

"유나야, 조금만 참으면 돼. 이제 다 끝나고 있어. 유나야, 사랑해."

이 말을 수없이 반복했다. 나는 그만 안타까워서 해서는 안 되는 기도를 해 버렸다. 이제 그만 유나의 고통을 가져가 주시라는 바보 같은 기도를. 물론 기적을 보여 주시기를 입으로는 기도했지만 말이다.

호흡이 멈췄다. 나도 숨을 쉴 수가 없었다. 유나의 폐에서 붉은 피가 나와 역류하기 시작했다. 마지막으로 유나가 눈물을 흘렸다. 손으로 눈물을 닦아 주었다. 사랑한다 말해 주었다. "고생했어"라는 멍청한 말도 튀어나왔다. "삐~" 하며 멈춰 버린 기계음처럼 모든 시간이 정지된 것만 같았다.

유나는 세상에 태어난 날과 세상을 떠난 날 그렇게 눈물을 많이 흘렸다. 내 딸은 태어난 날 왜 그렇게 울었을까. 세상에 내려온 천사가 두고 온 친구들을 생각하며 울었을까. 이 세상에서 살아갈 날들이 너무도 짧다는 것을 알아서 울었을까. 내 딸은 떠나는 날 왜 그렇게 많이 울었을까. 아쉬움일까. 고마움일까. 두고 갈 이 세상 친구들을 생각하며 울었을까.

유나가 그렇게 떠나 버린 새벽부터 비가 추적추적 내렸다. 오늘 아침 비가 오고 있다. 이제는 내가 눈물을 흘리고 있다. 그런데 내게 사랑한다 말해 주며 내 눈물을 닦아 줄 내 천사는 지금 어디 있는가. 그날 유나의 흐르는 눈물을 닦아 주던 손길로 내 눈물을 닦고 있을 뿐.

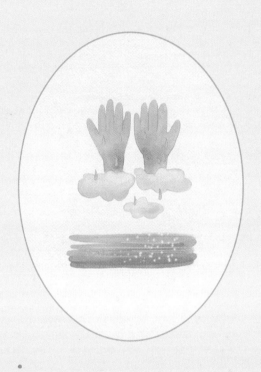

:
:

마지막 작별 인사를 해야 할 시간이 되었다.
"유나야, 조금만 참으면 돼. 이제 다 끝나고 있어.
유나야, 사랑해."

전날 밤

며칠 몸살을 앓았다. 어지럽고 몸이 아팠다. 진안에 있는 김
용호 목사님이 힘내라며 오골계를 잡아 가져다주셨다. 김 목
사님은 군에 있을 때 우리 부대 목사님이셨는데 이제는 진안
산골에서 농촌 목회를 하신다. 청정 지역에 물도 맑아 유진이
도, 유나도 목사님 댁에 가는 것을 참 좋아했다. 국물을 조금
먹다가 '유나도 잘 먹었을 텐데' 하는 부질없는 생각을 했다.

맑은 국물에 한약 재료 맛이 강하게 났다. 국물을 조금 먹
곤 나도, 아내도 조금 기운을 차렸다. 하지만 면역력이 약해
졌는지 아내는 두드러기가 나기 시작했다. 딸내미 먼저 보내
고 먹는다는 것에 죄책감이 들었는지, 아내의 몸이 음식을
거부하고 있는 듯했다. 그 모습을 보는 내 마음은 더 아팠다.

아내에게 전화 한 통이 왔다. 교회 성도님이셨다. 유나의
일로 너무 마음이 아프다고 하셨다. 유나의 죽음은 우리 가
족뿐 아니라 온 교회에도 재앙에 가까운 소식이었다. 그분이

그렇게 마음 아파하며 기도하시던 중에 "유나는 지금 나와 함께 낙원에 있다"는 음성을 들었다고 하셨다. 그 말씀을 듣고 마음이 평안해졌다고 하셨다. 그 이야기를 들은 나는 혼란스러웠다. 평안이 필요한 것은 우리인데 왜 우리에게 먼저 그 음성을 들려주지 않으셨을까. 우리의 듣는 귀가 먹어 버린 것일까.

유나가 떠나기 전날이었다. 원래는 퇴근 후에 우리 가족끼리 외식을 하기로 했다. 하지만 부산에서 우리 학교로 오기로 예정된 중국 유학생 일행이 일정이 변경되어 그날 온다는 연락을 받았다. 어쩔 수 없이 가족 외식을 취소했다.

아내에게 들으니, 좋아하는 돈가스 뷔페에 간다며 좋아했던 유나는 실망이 이만저만이 아니었다. 대신 아내가 집에서 김치볶음밥을 맛있게 해 주었다. 전라도식 묵은지에 햄을 넣은 볶음밥이었다. 예쁘게 계란 프라이도 얹어 주었다. 마치 식당에서 먹는 것처럼 플레이팅을 해 주니 유나는 아주 좋아했다. 아내는 부지중에 딸의 마지막 식사를 손수 준비한 것이다. 그렇게 유나는 엄마가 직접 정성스럽게 만들어 준 김치볶음밥을 먹고 떠났다.

그날 저녁 유나는 엄마와 함께 목욕을 했다. 목욕 도중 아이는 느닷없이 엄마에게 질문을 했다. 자기는 어디서 왔냐고.

엄마 배 속에서 나왔냐면서 엄마 배를 만지면서 자기 출생에 대해 물어보았다. 아내가 화장실에서 먼저 나온 후 조금 있다가 유나가 갑자기 문을 열고 질문을 했다.

"엄마, 나 천국에 갈 수 있지?"

"그렇지, 유나야. 어떻게 천국에 갈 수 있지?"

아내의 질문에 유나가 대답했다.

"예수님이 내 죄를 위해 십자가에 돌아가신 후 부활하셔서 천국 갈 수 있지."

"맞아, 유나야. 그래서 천국 갈 수 있지."

"그런데 나는 죄지은 거 많은데…"

"그것도 예수님이 십자가에서 다 용서해 주셨지. 유나, 천국 갈 수 있지?"

유나가 마지막으로 대답했다.

"어, 나 천국 갈 수 있어."

유나는 약간 두려워하는 표정으로 대답했다. 그러나 고개를 확실히 끄덕이며 대답했다. 갑작스러운 대화에 아내는 이상하다고 느꼈지만 아이와 신앙 이야기를 하게 되어 좋았다. 잠시 후 책을 두 권 읽어 주고 먼저 잠을 잤다.

나는 아내가 잠든 후에야 집에 도착했다. 두 아이들은 침대에 이불로 텐트를 만들어 놓고 놀고 있었다. 유진이는 유나에게 몇 권의 책을 읽어 주었다. 유진이는 책을 들고 유나는 손전등으로 불빛을 비추고 있었다. 서로 깔깔거리며 즐거워하는 소리에 나도 기분이 좋았다. 그 소리가 얼마나 정답게 들리던지 두 남매를 주신 하나님께 감사했다. 두 오누이의 정이 참 깊다 싶었다. 시간이 벌써 10시가 넘어갔기에 그만하고 잠자리에 들라고 했다. 유진이는 혼자 방에, 유나는 엄마의 품으로 들어갔다.

유나는 자기의 시간이 다 되었는지 알았을까. 그 한 주간은 유나가 평소에 하지 않았던 일들을 많이 했다. 내 핸드폰을 가지고 집 안 구석구석을 돌아다니며 우리 집 모습을 카메라에 담았다. 마치 한참 동안 집을 비우며 떠날 사람처럼 말이다. 이틀 전에는 혼자서 방 청소를 다 했다. 그날 밤은 목욕을 했다. 그리고 엄마에게 자신의 신앙을 고백했다. 그날 밤은 오누이가 그렇게도 정겹게 보냈다. 그렇게 유나는 이 세상에서의 삶을 마무리하고 영원한 주님의 나라로 갈 준비를 했다.

유나가 어렸을 때 우리 가족이 섬기던 미국의 한인 교회에서는 유아 세례를 받을 기회가 없었다. 아내는 그것이 늘 아쉽다고 했다. 놀랍게도 아내가 유나에게 직접 신앙 고백을 들었다. 아내는 어쩌면 물로 딸아이에게 직접 유아 세례를 해 준 것일까.

유진이는 유나에게 몇 권의 책을 읽어 주었다.
서로 깔깔거리며 즐거워하는 소리에 나도 기분이 좋았다.
그 소리가 얼마나 정답게 들리던지 두 남매를 주신
하나님께 감사했다.

유나의 장례가 지나고 몇 주 후 유나의 주일학교 공과 책을 받았다. 마지막 주일 공과에 유나가 삐뚤빼뚤 글씨를 남겼다. 나만큼 글씨를 못 썼다.

"나는 죄인입니다. 용서해 주세요."

초등학교 1학년이 무슨 죄를 그리 많이 지었다고. 유나는 이렇게 스스로 신앙을 고백했다.

부모로서 구원에 대해, 천국에 대해 직접 가르쳐 준 것은 없다. 유나는 다만 기독교 학교와 주일학교 학생으로 배운 대로 믿고 자신의 미래를 준비했다. 의도한 것은 아니지만 유나는 자신의 신앙 고백으로 천국에 입성했다. 신비에 가깝다고 생각했다.

"너희는 마음에 근심하지 말라 하나님을 믿으니 또 나를 믿으라 내 아버지 집에 거할 곳이 많도다 그렇지 않으면 너희에게 일렀으리라 내가 너희를 위하여 거처를 예비하러 가노니 가서 너희를 위하여 거처를 예비하면 내가 다시 와서 너희를 내게로 영접하여 나 있는 곳에 너희도 있게 하리라"(요 14:1-3).

제자들은 예수님으로부터 충격적인 선언을 들었습니다. 예수님이 십자가에서 죽임을 당하시고 떠나셔야 한다니요. 지금이 함께하는 마지막 시간이라니요. 꿈꾸던 희망찬 미래는 이대로 사라지고 마는 것인가요. 지금까지 한 고생과 헌신은 어떻게 되는 것인가요. 앞으로 무슨 일이 벌어지는 것인가요. 혼란스럽습니다. 슬픔이 찾아옵니다. 무엇보다 두렵습니다.

십자가로 향하시는 예수님은 안타까운 마음으로 제자들을 바라보셨습니다. 예수님은 "안심하라! 아버지의 집에 거할 곳이 많다"는 말씀을 제자들에게 남기셨습니다.

헤어짐은 잠시뿐입니다. 곧 다시 만나게 될 것입니다. 마침내 주님은 우리를 영원한 아버지의 품으로 인도하실 것입니다. 우리를 결코 집 없는 고아와 같이 버려두지 않으실 것입니다. 풍성한 선물이 우리를 기다리고 있을 것입니다. 잃어버렸던 그 모든 소중한 것도 우리를 기다릴 것입니다. 이 약속 때문에 우리는 안심할 수 있습니다.

"내 사랑하는 자야, 너의 불안, 근심, 슬픔, 허탈함이 내 눈에 보이는구나!
너는 이제 나의 품으로 오라! 내가 너를 안고 이 상실의 강을 건널 것이다.
네 영혼은 이제 안전하다. 나는 이미 네 딸을 안고 아버지의 집으로 향하였
느니라. 네 소중한 딸은 아버지의 품에 안겨 있다. 너는 아버지와 나를 믿
으라. 때가 되면 너를 안고 아버지의 품으로 데려가겠노라. 그곳에는 너를
기다리는 선물이 많단다. 잃어버린 그 모든 것을 그때 다시 찾을 수 있단다.
그때가 오기까지 안심하고 기다리자. 내 사랑하는 자야, 지금은 나와 함
께 이 슬픔의 여행을 떠나자!"

내 사랑하는 주님,

마지막 꽃잎이 떨어졌습니다.

아무 말도 나오질 않습니다.

믿음 없음을 긍휼히 여기시고 제 딸을 살려 주십시오.

왜 제 기도에 등 돌리고 계신 것인지요.

주님, 너무하십니다. 야속합니다.

죽음의 무자비한 손길이 내 몸에 생채기를 내었습니다.

제 영혼에 커다란 구멍이 생겼습니다.

다만 그 구멍 사이로 주님의 십자가가 보입니다.

찢기고 상한 주님의 몸이 보입니다.

버림받은 채 눈을 감으신 주님의 얼굴을 바라봅니다.

내 사랑하는 주님,

눈을 떠서 평화로운 그 눈길로 제 영혼을 살피소서!

못 자국 난 그 손으로 영혼의 상처를 어루만져 주옵소서!

아버지 되신 하나님,

제게 맡겨 주신 딸을 다시 돌려 드립니다.

당신의 딸을 마음껏 사랑하지 못했음을 용서해 주옵소서.

이 딸을 다시 받으시옵소서.

그 넉넉하신 품으로 이 딸의 영혼을 받아 주옵소서.

믿음이 없음을 긍휼히 여겨 주옵소서.

주님의 약속을 잊지 않도록 도와주소서.

흔들리는 제 영혼도 아버지의 손에 맡겨 드립니다.

영원한 안식처로 우리를 인도하고 계시는

주 예수 그리스도의 이름으로 기도합니다.

아멘.

2부

애도의 계절을 지나며

울음을

토해 내다

무덤 앞에서 _ 1

갑자기 날씨가 추워졌다. 봄 햇살에 잠시나마 녹았던 우리 부부의 마음도 다시 겨울로 돌아갔다. 비바람과 함께 눈발까지 흩날려서 남도에 만발했던 벚꽃들을 다 떨어지게 만들었다. 내 바람대로 되었다. 딸이 없어졌는데 무엇이 그리 좋다고 희희낙락거리는지, 벚꽃들이 미웠다. 아니, 그보다 아무 일도 없었다는 듯이 무심하게 돌아가는 세상이 미웠다. 때가 되어 만발한 벚꽃들이 무슨 잘못이랴.

유나의 유골함을 둘 곳을 정하지 못했다. 화장을 한 영락공원에 수목장을 생각해 봤는데, 살아 있을 때 한 번도 와 보지 못한 낯선 곳에 유나만 두고 오고 싶지 않아 포기했다. 유나와의 추억이 있는 곳을 찾아다니며 조금씩 뿌려 주고 싶기도 했으나 법에 저촉되어 그만두었다. 다니던 교회 나무 밑도 생각해 보았으나 나중에 교회가 서글픔의 대상이 될 것 같아 그만두었다. 광주 땅에 내 아이를 둘 곳 하나 없어 서러웠다.

결국 유나의 유골함은 인천의 장인께 맡기기로 했다. 장인께서 친히 본인과 처가 식구를 위해 지난 가을 준비하신 묘지였다. 우연히 지난 추석 때 아버님이 아내와 방문하신 적이 있었다. 이곳이 유나가 묻힐 곳이 될 줄은 꿈에도 상상을 못했다. 버릇없이 외손녀가 외할아버지 무덤을 떡하니 차지하게 생겼다. 아직 무덤이 준비되지 않았으니 그때까지는 장모님이 방에 두기로 하셨다. 외할머니의 사랑을 받으며 유나의 몸은 안식을 준비하겠지 생각했다.

"그가 빌라도에게 가서 예수의 시체를 달라 하여 이를 내려 세마포로 싸고 아직 사람을 장사한 일이 없는 바위에 판 무덤에 넣어 두니"(눅 23:52-53).

예수님의 시체를 눕힐 무덤이 없었다. 예수님은 남의 무덤에 장사되셨다. 예루살렘 땅에 갈릴리 시골 출신 목수를 위해 준비된 무덤이 있을 리가 없었다. 숨어 있던 제자 아리마대 요셉이 자신을 위해 준비했던 무덤에 예수님의 시체를 모셨다. 아직 사람을 장사한 일이 없는 빈 무덤이었다. 아들의 시체를 눕힐 곳도 없는 마리아의 심정이 생각나 울었다. 유나도 예수님처럼 다른 이를 위해 준비된 무덤에 안치되었다.

유나의 유골함을 무덤에 정식으로 안치했다. 하필이면 날씨가 추워 아버님과 처남들이 고생을 했다. 우리는 그곳에 가

지 못했다. 차마 무덤에 들어가는 유나의 모습을 볼 수 없었
다. 무덤은 스테인리스로 만든 덮개 아래 여러 개의 유골함
을 넣을 수 있는 가족묘 형태였다. 덮개를 열면 유리함 안에
있는 유나의 유골함을 볼 수 있다고 하셨다. 유골함이 안치
되고 남은 공간에는 작은 하얀 돌을 채워 주셨다. 무덤에 들
어가 있는 첫 유골함이었다. 유나가 쓸쓸할까 봐 나무도 심
어 주었다고 하셨다.

부모로서 할 일들을 차마 못했으나 가족들이 대신해 주셔
서 감사했다. 하지만 유나 혼자 유골함에 담겨 덩그러니 남아
있는 것을 생각하니 억장이 무너졌다.

자식 앞세우고도 목구멍에 밥이 넘어간다

아무것도 먹고 싶지 않았다. 워낙 경황없이 생소한 사건이 연속적으로 벌어졌기에 음식을 목구멍에 넣을 생각도 못했다. 이러다가 배곯아 죽어도 싸다 생각했다. 자식을 먼저 앞세우고 무슨 자격으로 밥을 먹나 생각했다. 입에 숟가락을 넣는 일마저 죄책감을 느끼곤 했다.

허나 우리는 먹었다. 꾸역꾸역 먹었다. 발인하는 날 아침에 모두가 허기진 모습으로 밤을 새우고 한 상에 모였다. 우리는 오늘 큰일 치르려면 힘내야 한다며 서로를 격려했다. 뜨끈한 밥과 국 한 사발을 보며 닭똥 같은 눈물을 흘리며 밥을 먹었다.

첫술을 입에 넣으니 까끌까끌하니 모래알을 씹는 듯했다. 한 술, 두 술 뜨다 보니 이내 엄청난 허기가 느껴졌다. 참 염치도 없게 배가 고프단 생각을 하고 먹을 생각을 하니 자신이 죽도록 미웠다. 소설가 박완서 선생도 배고파 밥을 찾는 자기 모습을 보고 미쳤다는 생각이 들었다 했다.

하지만 먹는 일에는 중요한 비밀이 숨겨져 있다. 미국의 소설가 레이먼드 카버(Raymond Carver)가 쓴 "별것 아닌 것 같지만, 도움이 되는"[1]이라는 단편 소설이 있다. 소설 속에는 더이상 바랄 것이 없는 평화로운 한 가정이 등장한다. 행복에 겨워 들뜬 기분으로 아들의 생일 파티를 준비한다. 그러다가 아들이 등교를 하던 중 불의의 사고로 혼수상태에 빠진다. 의사는 아이가 곧 깨어날 것이라 말하지만 허무하게도 일주일 후 세상을 떠난다. 부부는 혼란에 빠진다.

이 와중에 아무것도 알지 못하는 무뚝뚝한 빵집 주인은 부부에게 왜 생일 케이크를 찾아가지 않느냐고 수차례 전화를 한다. 부부는 그 전화에 격분해 한밤중에 빵집 주인을 찾아간다. 누군가를 비난해야 했기 때문이다. 마치 총으로 무슨 일을 벌일 듯이 말이다. 주인은 아들이 죽었다는 말에 어쩔 줄 몰라 하며 부부를 진정시키기 위해 자리를 내준다. 이내 주인은 자기가 만든 따뜻한 빵과 커피를 내온다.

"이럴 때 뭘 좀 먹는 일은 별것 아닌 것 같지만 도움이 될 거요. 뭔가를 먹는 게 도움이 된다오. 더 있소. 다 드시오. 먹고 싶은 만큼 드시오."

부부는 며칠 동안 자지 못하고 먹지 못해 지치고 비통해 있었다. 부부는 주인이 내온 빵을 보고 비로소 허기짐을 느낀다. 따뜻한 빵과 커피가 그들의 상처를 어루만져 준다.

시간이 지나자 그들은 주인의 이야기를 듣는다. 주인은 가족 없이 중년을 보내는 일이 외롭다 말한다. 남들을 위해 매일 오븐을 가득 채웠다가 비워 내는 일도 허무하게 느껴질 때가 많다고 말한다. 부부는 어느새 마음을 써서 그 이야기를 듣는다. 심지어 주인이 불쌍하다고 생각한다. 자신들의 비참함을 잊어버리고, 다른 외로운 이의 말에 귀를 기울이는 자들이 된다. 위로받을 자들이 위로하게 된다. 상처 입은 치유자가 된다.

상실을 겪은 자들에게 전해지는 빵은 빵 이상의 의미를 가진다. 삶을 지탱해 준다. 절망의 수렁에서 빠져나오게 만든다. 생명을 회복시켜 준다. 같은 마음을 가지게 한다. 자신을 넘어 타인을 바라보게 만든다.

장례를 치르고 돌아오자 성도들이 손길을 내밀어 주셨다. 누군가는 기운 내라고 전복죽을 만들어 주셨다. 누군가는 삼계탕을 끓여서 보내 주기도 하셨다. 비록 잘 먹지는 못했지만 누군가는 영양탕도 보내 주셨다. 이렇게 전해진 '빵'들은 우리의 삶을 이어 가게 해 주었다.

상실로 절망에 빠진 자들을 다시 삶의 자리로 이끌어 내는 역할을 하는 것은 단순하게도 먹는 일에 있었다. 상실한 자의 배고픔은 부끄러운 것이 아니다. 배고픔은 그럼에도 생명을 이어 가라는 하늘 아버지의 명령에 가깝다. 배고픔은 다시 출항을 알리는 위대한 항해의 뱃고동 소리에 가깝다.

유품 정리 _ 1 자전거

우리나라 장례 문화는 고인의 유품을 서둘러 없애려는 풍습
이 있다. 떠난 고인 생각에만 빠져 있을까 봐 생겨났을까. 고
인이 남기고 간 물건들은 눈에 보이지 않도록 빨리 태워 버
리곤 한다. 할아버지, 할머니의 옷과 이불도 그렇게 빨리 불
태워져 사라졌다. 반면에 내가 유학 중에 경험한 서양의 문
화는 조금 다르다. 오히려 고인이 남기고 간 물건들을 유가
족들이 서로 나눠 가진다. 떠나간 가족을 기억하기 위해, 또
는 실용적인 목적으로 식기는 물론이며 스웨터, 구두 등을 가
져가서 사용한다.

　장례식 후 유나 짐을 정리해 주신다며 집사님 몇 분이 찾아
오셨다. 유나의 옷가지, 학용품, 책 등 이것저것을 없애셨다.
우리는 당연히 그래야 하는가 싶었고, 하도 정신이 없어서 뭐
라 말씀드릴 처지가 아니었다. 유나의 물건들이 몇 개의 대형
비닐 봉투와 상자에 담겨서 실려 나갔다.

허나 그렇게 유나의 물건들이 떠나니 더욱더 상실감이 찾아왔다. 아이도 없고, 아이의 물건도 없어진 책상과 옷장을 보니 더욱 가슴이 아팠다. 정신을 차리고 그만 치워 달라고 말씀드렸다. 다행히 곳곳에 숨어 있는 물건들은 살아남았다.

그러고 나니 유나가 남기고 간 흔적들이 더욱더 하나하나 소중해졌다. 주변에서 아이 생각이 나니 빨리 정리하라 했지만, 좀 정리할 시간이 필요했다. 유나와 준비되지도 않은 이별을 했기에, 그것도 너무나 갑작스러운 이별이었기에 유나의 흔적들을 빨리 지워 버리고 싶지 않았다.

아이가 쓰던 지우개를 한참을 만지작거렸다. 스케치북에 그린 웃긴 그림을 보며 피식 웃기도 했다. 유나의 손때 묻은 인형을 안아 보기도 했다. 그렇게 남아 있는 유나의 흔적들을 찬찬히 살펴보고 추억하며 하나씩, 하나씩 정리했다. 간직할 것은 간직하고 버릴 것은 버리고. '신박한 정리'를 해 보았다.

아파트 현관에는 유나 자전거가 그대로 있었다. 전년 가을, 유나가 초등학교 1학년 때 구입한 자전거였다. 그전에는 보조 바퀴가 달린 유아용 자전거를 탔다. 첨단강변길을 유진이와 유나와 함께 신 나게 달리곤 했다. 어느덧 자란 아들을 보니 이제 보조 바퀴를 떼고 달릴 수 있을 것 같았다. 아들은 예상대로 쉽게 두발자전거를 탈 수 있었다.

문제는 유나였다. 아직 어린 유나에게 두발자전거는 다소 힘겨운 도전인 듯했다. 더욱더 문제는 유나는 겁이 많다는 점이었다. 체격은 또래에 비해서 다소 컸지만 마음은 여렸다. 다행히 유나는 시간을 주면 도전하고 꾸준히 연습하여 스스로 배우는 편이었다. 며칠을 두 발로 땅을 번갈아 짚어 가며, 핸들을 왔다 갔다 하면서 조금씩 앞으로 나아갔다. 넘어질 듯 하면서도 매일 실력이 늘었다.

어느 주말에는 "할 수 있다!" 외치며 어두워질 때까지 연습했다. "할 수 있다!"라는 엄마의 응원 속에서 드디어 유나가 땅에서 두 발을 떼고 페달을 밟아 힘차게 앞으로 나아갔을 때 나는 그만 크게 소리를 지르며 기뻐했다. 다 큰 어른이 몇 번을 껑충껑충 뛰며 기뻐했다. 마치 복권이 당첨된 것처럼 말이다. 유나가 자랑스러웠다. 이를 기념해서 아들과 딸에게 새 자전거를 선물해 주었다.

겨울이 지나고 봄이 문턱까지 찾아왔을 때 우리는 다시 자전거를 타러 나갔다. 유진, 유나, 나, 이렇게 셋이 첨단에서 다리를 건너 첨단 2지구까지 갔다가 돌아오는 1시간 코스에 도전을 했다. 유나는 한동안 자전거를 안 타서 감각을 잃었는지 처음에는 균형을 잘 못 잡았다. 자신 없다 했지만 "유나는 할 수 있어" 하며 격려하니 몇 번 도전 끝에 다시 두 발로

자전거를 타며 잘 따라와 주었다. 우리는 신 나게 자전거 일
주를 했다. 그것이 유나의 마지막 자전거 일주였다. 바로 유
나와 이별하기 직전 주말 오후에 있었던 일이다.

덩그러니 남겨진 아이의 자전거를 타고 길을 나섰다. 천천
히 유나와 달리던 그 길을 다시 달려 보았다. 아이가 앉은 자
리에서 아이의 시선으로 풍경을 보며 달렸다. '유나가 자전
거를 타면서 보는 세상이 이렇구나' 하는 생각을 했다. 천천
히 불어오는 바람을 맞으며 마치 유나와 산책하는 기분을 느
꼈다. 자전거도, 풍경도 제자리인데 자전거의 주인이 없다.
내 뒤를 따라오며 힘차게 페달을 밟던 유나는 어디로 갔을까.

집으로 돌아오는 길은 유나가 한 번도 가 보지 않은 길로
돌아서 왔다. 새로운 길을 보여 주고 싶었다. 집으로 돌아왔
던 그 서글픈 길이 아닌 새로운 길 말이다.

"유나야, 이제 왔던 길로 다시 가지 않아. 유나는 이제 새
로운 길을 가는 거야. 지금 아빠가 가르쳐 준 길을 따라 새
로운 길로 나서는 거야. 이제부터는 네가 혼자 스스로 가야
하는 길이야. 지금까지 해 온 것처럼 '화이팅' 외치고 가 보
는 거야."

유나가 아빠의 말을 듣고 있는 것만 같았다.

"유나야, 이제 왔던 길로 다시 가지 않아.
유나는 이제 새로운 길을 가는 거야."

유품 정리 _ 2 주일학교 가방

그해 2월 주일학교 초등 1부 주일 예배 설교를 한 적이 있었
다. 유나와 단짝인 하음이 아빠이기도 한 담당 목사님이 특
별히 부탁하셨다.

유치부에서 올라온 1학년이 많아서 그런지 다소 어수선한
분위기 사이로 찬양하며 열심히 율동을 따라 하는 유나가 보
였다. 2학년은 동생들이 있다고 아주 의젓해 보였다. 설교 중
에 유나와 눈이 마주쳤다. 신기한 모습으로 아빠를 바라보았
다. 학교에서는 아빠가 설교할 기회가 자주 있었지만 교회에
서는 처음 있는 일이었다.

유나가 남기고 간 성경책을 뒤적거려 보았다. 지금 생각해
보니 딸과 마지막으로 함께 예배드리는 기회를 주신 것 같
다. 성경 겉표지에 학교 친구들이면서 주일학교 친구들의 이
름이 삐뚤빼뚤 쓰여 있었다. 유나에게 특별히 의미 있는 친
구들이었다.

유나의 흔적이 남아 있는 그곳, 함께 손잡고 즐겁게 오가던 교회. 그날 나를 바라보던 그 모습이 그리워 텅 빈 예배실로 향했다. 오랜만에 날씨가 화창했다. 특별히, 유나의 주일학교 성경책을 손에 들고 갔다. 예배실 복도에 있는 말씀 암송 게시판에서 유나의 이름을 찾았다. 1학년 4반일 때 성경 읽기 진도를 표시한 카드였다. 유나는 창세기, 출애굽기, 레위기, 민수기, 신명기, 여호수아, 사사기, 룻기, 사무엘상을 읽었다고 표시되어 있었다. 기독교 학교를 다니기에 학교에서 성경을 읽을 기회가 많아서 그랬으리라. 집에서 엄마와 앉아서 또박또박 성경을 읽었던 모습도 생각났다.

예배실 입구 오른편 헌금대에서 유나의 헌금 봉투를 찾았다. 주일 헌금 봉투와 십일조 봉투.

'꼬박꼬박 헌금을 드려서 도장을 받았구나. 적어도 나처럼 부모님이 헌금하라고 주신 돈으로 간식을 사서 먹지는 않았구나.'

할아버지가 다니시는 교회에 가서 예배를 드리느라 결석한 날과 깜박 잊고 헌금을 준비하지 못한 날에 도장이 비어 있었다. 구정 때 받은 세뱃돈에서 십일조를 드린 도장도 찍혀 있었다.

예배실 뒤편에는 주일학교 각 반 소개판이 있었다. 2학년 2반.

유나의 기도 제목이 쓰여 있었다.

"하나님 아버지, 콧물 감기 낫게 해 주세요. 오빠 비염 낫게 해 주세요."

2월에 유진이가 급성 비염으로 병원에 입원했는데 유나가 이렇게 기도를 요청했던 것이다.

마지막으로 2학년 2반 공과 모임 장소를 찾아 유나가 앉았을 법한 책상에 앉아 보았다. 유나 주일학교 담임 선생님이셨던 집사님의 얼굴도 생각이 났다. '유나가 이곳에서 참 즐거웠겠구나. 이곳에서 하나님 사랑을 많이 받으며 행복한 신앙생활을 했구나' 싶었다. '얼마나 좋았으면 주일학교를 조기 졸업하고 하늘 주일학교로 바로 갔니. 무엇이 그리 급했니'라는 원망도 나왔다.

집에 돌아와서 유나의 공과 책을 만지작거렸다. 떠난 바로 그 주간 주일 공과에는 이렇게 적혀 있었다.

"하나님, 저는 죄인입니다. 저를 위해 십자가에 돌아가셨습니다. 김유나 올림."

아이의 신앙 고백에 또 한 번 눈물이 핑 돌았다. 네가 무슨 죄를 그렇게 많이 지었다고. 네가 그러면 나는 죄인 중에 괴수다. 회개 기도는 아빠가 더 많이 해야 되는데 말이다.

유품 정리 _ 3 천국 가는 차비

4월 15일. 유나와 헤어진 지 한 달이 되었다. 유나의 유품을
정리하다가 지갑이 툭 튀어나왔다. 만 이천 원이 꼬깃꼬깃 접
혀 들어 있었다. 눈물이 핑 돌았다.

'이 녀석, 쓰고 싶은 것 제대로 못 쓰고 아껴 두었다가 결국
쓰지도 못하고 갔구나.'

그 아이에게 좋은 것 못해 주고, 갖고 싶었던 것 못 사 주었
던 생각이 나를 괴롭혔다.

유나가 좋아하는 일은 나와 함께 손잡고 동네 문방구에 가
서 천 원이나 이천 원 정도 하는 아기자기한 장난감을 사는
것이었다. 자기 용돈으로 마음껏 살 수 있었기에 특히 좋아
했다. 대형 완구 매장에서는 비싼 장난감을 들고 오다가 아
빠의 얼굴을 살피고는 이내 포기한 적이 많았다. 그때 갖고
싶어 했던 '콩순이' 인형을 사 주지 못한 것이 지금껏 한으로
남았다. 대신 동네 문방구에서는 사고 싶은 것을 마음대로

살 수 있게 허락해 주었다. 물론 물건 값이 대체로 저렴했기 때문이다. 그래서 문방구로 가는 발걸음은 언제나 가볍고 신났다. 당시 구입했던 조잡한 장난감들만이 유품으로 남았다.

유나는 그렇게 살면서 나에게 만 이천 원을 남겨 주었다. 유나의 만 이천 원. 우리 부부는 감사 헌금 봉투에 담았다. 딸의 이름으로 주일에 딸을 대신해서 헌금함에 넣었다. 마치 과부가 드린 두 렙돈처럼 말이다. 딸의 전 재산이었다.

그러면서 천국 가는 데 얼마나 많은 돈이 필요할까 생각했다. 천국으로 얼마나 많은 돈을 가져갈 수 있을까, 돈이 무슨 필요 있을까 하는 생각이 들었다. 유나는 자기 용돈 만 이천 원을 남겨 주고 갔다. 아니, 더 많은 재산을 남겨 주고 갔다. 아빠는 생전에 용돈도 많이 주질 못했는데 말이다.

유나의 장례식에 많은 손님이 찾아와 애도해 주셨고 부의금을 주고 가셨다. 유나가 자기 장례 비용과 병원 비용도 남겨 주고 떠났다 싶었다. 손님들과 성도님들을 대접할 비용도 남겨 주었다. 교회에 새 건물 주심에 감사해서 자기 이름으로 건축 헌금과 감사 헌금도 남겨 주었다. 남은 우리 가족 힘내고 기운 차리라고 용돈도 챙겨 주고 떠났다 싶었다. 나중에 유나의 사망보험금도 조금 나왔다. 아내와 나는 돈을 더 보태서 딸의 이름으로 기념하는 사업에 쓰기로 했다. 선교지

학교에서 유나 또래의 아이들이 유나가 남기고 간 선물로 행복한 삶을 이어 가도록 돕는 데 쓰기로 하고 저축해 두었다.

유나가 남겨 놓은 만 이천 원은 성도님들의 손길을 통해 그렇게 모든 행사를 치르고도 남는 오병이어가 되었다. 가족 중에 한 분은 그러셨다. 유나가 자기 앞가림은 다 해 놓고 갔다고. 유나의 만 이천 원.

유품 정리 _ 4 추억 상자 '사랑해요'

아침부터 비가 부슬부슬 내렸다. 자전거를 타고 딸과 함께 지나치던 길을 달리고 싶었다. 하지만 포기했다. 비가 내리기 때문만은 아니었다. 비가 내리면 우울해서 아무것도 할 수가 없다. 이럴 때는 그저 그리워할 수밖에 없다. 이럴 때는 대신 유나의 추억 상자를 꺼내 든다.

우리 부부는 지난 봄과 여름에 걸쳐 딸아이의 물건들 중에 소중한 것들을 추억 상자에 담았다. 하마터면 무참하게 재활용 쓰레기로 취급되어 사라질 뻔한 물건들이었다. 딸의 유품을 정리하는 일은 고통스럽지만 부모가 직접 하는 것이 맞겠다 싶었다. 이별할 준비가 전혀 안 된 상태에서 딸을 보낸 우리는 딸의 물건을 하나하나 살펴보며 정리했다.

버려진 물건들 중에서 다시 가져오고 싶은 안타까운 물건들이 있다. 온기와 숨결이 남아 있을 것만 같은 아이의 옷가지가 하나도 없다. 그 옷을 만져 보면 딸아이의 촉감이 느껴질 것만 같고, 어쩌면 향긋한 살 냄새가 날 것만 같다. 기억에서 자꾸 사라져 가니 아이의 옷가지라도 남겨 둘 걸 하는 후회가 생긴다. 아이의 여행 가방도 다시 가져오고 싶다.

어느 날 아파트 재활용 수거함에 갔더니 멀쩡한 분홍색 여행 가방이 하나 있는 게 아니겠는가. 딸아이가 생각나 냉큼 집에 들고 왔다. 아이가 무척 좋아했다. 이 가방을 가지고 학교에서 수련회도 다녀왔다. 가족끼리 여행을 갈 때마다 옷과 인형들을 예쁘게 담아 갔다. 이 가방과 함께 영영 돌아올 수 없는 여행을 떠났나 싶다. 대신 추억 상자를 열어 보면서 그리움을 달랬다.

추억 상자에는 딸에 대한 추억이 되살아날 만한 물건들이 가득하다. 그 상자 안에는 딸의 사진이 담겨 있는 앨범이 있다. 아이가 태어났을 때 썼던 엽서와 떨어진 탯줄도 있다. 아이의 빠진 이빨들을 모아 둔 조그만 상자도 있다. 가지고 다니던 성경책, 그림이 담긴 스케치북, 먹거리 이야기로 가득한 그림일기, 좋아했던 장난감과 그림책도 들어 있다.

그중에서도 우리를 흐뭇하게 하는 것은 아이가 남긴 수많은 쪽지다.

"엄마 사랑해요."

"엄마 아빠 사랑해요."

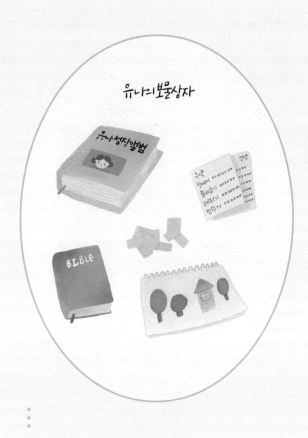

우리 부부는 지난 봄과 여름에 걸쳐
딸아이의 물건들 중에 소중한 것들을 추억 상자에 담았다.
그중에서도 우리를 흐뭇하게 하는 것은
아이가 남긴 수많은 쪽지다.

비록 아빠한테 단독으로 "사랑해요"라고 쓴 쪽지는 없지만, 남겨진 모든 쪽지에 유독 "사랑해요"라는 말이 많았다. 유나의 많은 유품 가운데 우리에게 의미 있는 것은 "사랑해요"라는 말이 아니었을까 한다.

아내는 매일 밤 울었다. 딸에게 잘해 주지 못했다는 자책과 맡겨 주신 자녀를 잘 못 돌봤다는 회개가 뒤섞인 울음이었다. 어쩌면 이렇게 마음고생 하는 엄마에게 이렇게 말해 주고 싶었던 것일까.

"엄마 사랑해요."

"엄마 사랑해요"라는 말이 위로의 말로 들렸다. 비록 우리가 부모로서 잘해 주지 못하고 마음껏 사랑해 주지 못했어도 자신은 사랑받은 삶을 살았다고 딸이 고백하고 있는 듯했다. 감사했다. 그리고 이제는 내 차례라고 말하는 듯했다. 아빠가 엄마에게 "사랑해요"라고 말해야 한다는 것 같았다. 앞으로는 사랑한다고 많이 말해야 하는 것을 유나에게 배웠다.

"여보 사랑해. 유진아, 유나야 사랑해!"

할머니의 일기

봄비가 추적추적 삼 일째 내렸다. 이 해엔 참 봄비가 많이 내렸다. 봄비에 흐드러지게 핀 벚꽃이 다 질 것 같았다. 유나는 이 벚꽃을 기다리다 갔다. 아마도 유나가 시샘하나 보다. 하나님 한테 말씀드려 꽃이 빨리 지게 해 달라고 하고 싶었다. "떨어져라. 떨어져라. 봄비에 벚꽃아 다 떨어져라. 내 딸이 세상에 없는데 너는 너무도 아름답게 피었다"며 애꿎은 벚꽃을 탓했다.

어머니가 장문의 편지를 보내셨다. 새벽에 눈도 침침하고 안 보이실 텐데 휴대폰으로 한 자, 한 자 만들어 보내셨다. 잉크 대신 눈물로 꾹꾹 눌러서 쓴 편지였다. 시집오시고 장손이었던 어머니의 오빠가 돌아가셨다. 크게 상심하신 아버지, 내 외할아버지도 돌아가셨다. 어머니는 친정 집안의 복을 다 가져갔다는 누명을 쓴 채 시집살이를 하셨다. 어머니는 아버지를 따라 소처럼 일하며 고생하셨지만 복은 그다지 누리지 못하셨다. 오히려 잃어버리는 것의 연속이었다.

사랑하는 우리 아들. 어떻게 너에게 이런 끔찍한 일이, 이런 기막힌 일이 일어났을까. 이건 너무도 가혹한 고문이다. 우리 유나를, 사랑하는 우리 유나를 그렇게 보내다니, 하나님을 원망한다. 하나님을 원망한다. 어느 누가 너의 아픈 마음, 그 고통을, 그 슬픔을 알아줄 수 있을까. 너무도 슬프다. 엄마 마음이 이런데 자식 잃은 너희들 마음은 어떠하겠느냐. 겉으론 씩씩한 척, 무심한 척, 그러나 너희들 속은 까맣게 탄 잿더미가 되어 있겠지.

그래도 위안이 있다면, 믿음이 있으니까 잘 이겨 내리라 생각되지만, 너무도 슬프다. 세상에 우리 유나 기저귀 한 번 갈아준 적 없고, 목욕 한 번 시켜 준 적 없고, 머리 한 번 손질해 준 적 없는 이런 할머니가 어디에 또 있을까. 나 바쁘다고, 나 힘들다고 한 번 봐 주지도 못하고 이렇게 보낼 줄이야… 내가 가슴을 친다. 너무도 마음이 아프다. 날이 갈수록 점점 더 생각나는 우리 유나. 그 모습, 그 웃음 소리, 어떻게 잊을지. 아마도 내가 눈감기 전에는 못 잊겠지…. 우리 유나, 우리 유나, 미안하다. 사랑한다.

모질게도 이번에는 소중한 손녀를 잃으셨다. 유나는 세상에서 할머니가 해 주신 밥이 제일 맛있다고 했다. 물론 엄마가 없는 데서 한 고백이다. 어머니는 똑같이 국과 밥을 좋아하는 손녀와 할아버지가 나란히 앉아 식사하는 모습을 보시면서 본인은 안 먹어도 배부르다 하셨다. 유나는 그런 할머니를 참 좋아했다. 유나는 뇌사가 진행되고 있는 와중에도 할머니가 도착하실 때까지 기다리다가 갔다. 자기가 먼저 가면 늦게 온 할머니가 너무 미안해하실까 봐 유나는 마지막까지 버텼다.

유나가 떠난 후 어머니는 매일 유나의 사진을 보며 숨죽여 우셨다. 너무도 애통하고 원망스럽다 하셨다. 수많은 밤을 눈물로 보내셨다. 너무 고통스러울 때는 일기를 쓰기도 하셨다. 이 일기장은 본인이 죽기 전에 주고 가겠다 하셨다. 그때까지는 어머니와 하나님만 아시는 비밀로 남아 있을 것이다.

나는 나의 사랑하는 손녀딸을 잃었습니다. 단 24시간 만에. 그렇게 씩씩하고 명랑하고 잘 먹고 잘 놀던 그 녀석이 그렇게 떠났습니다. 너무도 건강하게 생각했던 그 아이 머릿속에 그 무서운 암 덩어리가 자라고 있을 줄이야. 겨우 7년 6개월 살고 그렇게 우리 곁을 떠나갔습니다. 오늘이 우리 유나 여덟 번째 생일입니다. 9월 11일. 가을이 오면 제 생일 온다고 그렇게 좋아했는데. 참으려 해도 계속 눈물이 납니다. 이런 일이,

이런 일이, 어떻게 이런 일이….

마지막 그 얼굴 어찌 그리 곱던지요. 화사하게 피어나는 꽃 같았습니다. 분명 하나님이 잠시 보내 주셨던 천사가 아닐까요? 그렇지 않고서야 어찌 하나님이 데려가실 수가 있는지요. 그렇게, 그렇게 위안하며 살렵니다. 어찌 되었든 나의 몫의 삶은 살아야 되니까요.

평생 상실의 고통을 겪으셔야 했던 어머니께 우리 부부는 너무 큰 불효를 저질러 버렸다. 유학 시절에는 멀리 떨어져 살아서 그토록 기다리셨던 손주들을 자주 못 보게 만들었다. 지방에서 사역한다고 자식들을 데리고 자주 찾아뵙지도 못했다. 그러더니 이제는 손녀를 영영 못 보게까지 만들었다. 손녀를 잃은 아픔에 더해 그 아픔을 겪는 자식들까지 보고 있어야 하는 슬픔을 어찌 다 표현할 수 있을까. 너무 죄송했다.

아버지와 어머니를 뵈러 갔다. 고민이 되었다. 잘 지낸다고, 안 힘든 척해야 할지, 아니면 힘들다고 솔직하게 말씀드려야 할지…. 그러나 집에 도착해서 난 아무 말도 못했고, 어머니도 아무것도 묻지 않으셨다. 슬픔은 각자의 몫이다. 자기만이 담당해야 할 애통의 분량이 있다. 누가 더 힘들고, 누가 덜 힘들까.

무덤 앞에서 _ 2

무등산이 보이는 양림동 언덕에는 미 남장로회 선교사 묘역이 있다. 우리나라 개화 초기부터 호남 지역 동토에 복음의 씨앗을 뿌리며 사명을 다한 선교사들의 묘역이다. 이곳에 간호사를 양성하며 여성 교육에 힘썼던 광주의 어머니 서서평 (Elisabeth Shepping) 선교사 무덤이 있다. 또한 수피아 여학교를 세웠던 유진 벨(Eugene Bell) 선교사, 간호사 아내와 함께 제중원(현 광주기독병원)을 통한 선교에 힘썼던 클레멘트 오웬 (Clement Owen) 선교사의 무덤도 있다. 약 45기의 외국인 선교사들과 그 가족들이 이곳에 잠들어 있다.

호남신학대학교의 정문으로 들어와서 건물 뒤편 오솔길을 따라 10여 분을 오르면 오른쪽 언덕 한편에 선교사 묘역이 있다. 넓지 않은 공간을 나누어 선교사 묘비들이 옹기종기 모여 있다. 저마다 다른 크기의 묘비들은 무덤 주인공의 생애를 말해 주고 있다. 그 왼쪽 한편에는 선교사 자녀들의 무덤이 있다. 그들은 이 땅에서 케이크의 작은 촛불처럼 짧게 살다가 갔다. 나는 한 아기 선교사의 묘비 앞에 털썩 주저앉아 혼잣말을 건넸다.

"이곳에 아들딸을 묻을 때 당신들의 심정은 어떠했죠? 대한민국에 온 것을, 그것도 외떨어진 이 남쪽 땅에 온 걸 후회하지는 않았나요? 고국에 있었으면 이런 일을 겪지 않아도 되었잖아요. 당신들을 이곳에 부르신 분이 원망스럽지 않던가요? 자녀의 무덤에 차라리 자기를 묻어 버리고 싶지는 않았나요? 당신을 이끌고 온 남편이, 아내가 원망스럽지 않던가요?"

대답 없는 무덤 앞에서 이제는 선교사 자녀들에게 또 혼잣말을 건넸다.

"너희들은 너희를 데려온 부모가 원망스럽지 않았니? 이름 모를 풍토병에 이유도 모른 채 부모 곁을 떠나야 했던 일들이 억울하지는 않았니? 한 번도 너희 인생을 제대로 살아 보지 못하고 꽃피워 보지 못한 채 여기 누워 있는 것이 속상하지는 않았니? 아니면 너희를 여기 묻히게 한 우리가, 아니면 부르신 그분이 원망스럽지는 않았니?"

아무런 답이 없었다. 이 땅에 누워 있는 45명 중 어느 누구도 내 말에 대답하지 않았다. 말없이 조용히 누워 있을 뿐이었다. 저 멀리 무등산이 내다보이는 조그만 언덕, 땅 한 귀퉁이 빌린 것도 미안해하듯이 조용히 누워 아무 말이 없었다.

따뜻한 햇볕이 느껴졌다. 싱그러운 봄바람이 이마를 스쳐 갔다. 그들은 오히려 침묵으로 말하고 있었다. 미소 짓고 있는 듯했다. 슬픈 마음 꾹꾹 참아 내며 자식들을 이 땅 동토에 묻었던 그 영혼들이 나를 위로해 주고 있는 듯했다.

나 이제 이곳에 살아갑니다 당신의 사랑 나누며 / 한 줌의 흙이 되기를 / 이곳에 나를 묻고 내 생명 다할 때까지 / 떠나지 않습니다 사랑 꽃을 피울 때까지 순종합니다 / 이 땅에 하늘에 사랑을 심고 생명의 꽃들을 피울 때까지.

세 명의 선교사들의 삶을 다룬 다큐멘터리 〈순종〉의 OST, "순종"의 가사다. 이권희 씨가 작곡과 작사를 했고 가수 송정미 사모가 노래를 불렀다. 유나가 떠난 후 한 해가 가는 동안 이 노래가 마음속에서 맴돌았다.

아비의 침묵

침묵
나의 침묵.
하늘 아비의 침묵.
두 아비의 침묵.

조용히 흐르는 눈물.
누구의 것인지 알 수 없는.
나의 눈물인지.
하늘 아비의 눈물인지.

부활을 기다리는 오늘
그 침묵을 생각해 본다
식어 가는 주검을 두고서
침묵으로 말을 하고 있었는지도
사랑한다고 말이다.

무덤 앞에서 _ 3

"자식 묘를 찾는 만큼 힘든 일이 있을까."

고레에다 히로카즈 감독의 영화 "걸어도 걸어도"에서 큰아들을 잃은 어머니가 한 말이다.

유나의 생일이 되어 유나 곁을 찾아갔다. 지난봄에 가져다 놓은 조화는 여름 내 뜨거운 햇빛에 빛이 다 바랬다. 게다가 풀들이 웃자라 묘지 주변을 온통 덮고 있었다. 모기와 온갖 벌레가 달라붙어 가만히 서 있지도 못하게 했다. 마치 한동안 버려져 있던 묘지 같았다. '이렇게 잊혀 가는 것일까' 하며 애석하고 착잡한 심정을 감출 수 없었다.

늘 바쁘다는 핑계로 삶의 언저리로 밀려나 있어야 했던 유나였다. 어쩌다 보니 이제야 찾아보게 된 것이 마음 아팠다. 엄마가 퇴근할 때까지 사무실 한 구석을 차지하고 조용히 그림을 그리던 생전의 모습이 생각났다. 그렇게 같이 있으나 같이 없는 듯 비켜 있더니, 떠나서도 이렇게 밀려 있구나 하는 생각이 들어 눈물이 왈칵 쏟아졌다.

겨우 수풀을 헤집고 서서 남은 세 식구가 간단히 예배를 드렸다. 유나의 무덤에선 늘 같은 찬송과 말씀으로 예배를 드린다. "예수께로 가면 나는 기뻐요" 찬양을 부른다. 장례 일정 내내 조용히 틀어 놓았던 찬양이다. 다 함께 요한계시록 21장 1-2절을 낭독한다. 더 이상 죽음도, 슬픔도, 애곡도, 고통도 없는 새 하늘과 새 땅이 어서 오게 해 달라고 기도한다. 우리의 눈물도 말끔히 닦아 주시길 간구한다.

차분하게 앉아 이야기도 나누고 그리워도 하고 싶었지만 그러질 못했다. 달려드는 모기 때문에 서둘러 내려왔다. 마치 딸이 어서 가라고 등 떠미는 것 같았다. 저만치 홀로 내려가는 유진이의 모습이 더 쓸쓸해 보였다. 유나와 늘 함께 지내면서 한번도 싸우지 않고 사이좋게 지냈던 오누이였다. 우리 부부가 바쁠 때면 둘이 서로를 의지하며 함께 시간을 보냈던 남매였다.

한번은 아내가 쓰레기를 버리러 나갔는데 그동안 잠들었던 남매가 깨 버렸다. 두 남매가 손을 꼭 잡고 울면서 엄마를 찾아 아파트 복도를 헤맸다. 둘은 그렇게 서로를 의지했다. 다시 보지 못할 그 모습에 안타까워 울었다.

조선의 뛰어난 여류 시인 허난설헌에게도 한때 이렇게 사이좋았던 오라버니가 있었다. 중국에까지 그녀의 명성이 전해져 천재 시인이라는 극찬을 받았지만, 생전에 그녀의 삶은 녹록지 않았다. 남성 중심의 조선 사회에서 그녀의 천재성은 인정받지 못했다. 남편의 방탕과 학대, 오라버니의 유배와 죽음, 역병으로 연이어 먼저 보낸 어린 두 남매…. 그녀 자신도 27세의 짧은 생을 살았다. 그녀가 자식들의 무덤에 찾아가 그리움과 서러움을 달랬던 "곡자"(哭子)[2]라는 시가 있다.

> 지난해 사랑하는 딸 여의고 / 올해는 사랑하는 아들 잃었네
> 슬프디 슬픈 광릉 땅이여 / 두 무덤이 마주 보고 있구나
> 백양나무에 소슬한 바람 불고 / 도깨비불은 무덤가 나무 밝히네
> 종이돈 살라 너희 혼을 부르고 / 정화수를 올려 제사를 지낸다
> 너희 넋은 응당 오누이임을 알지니 / 밤마다 서로 어울려 놀겠지
> 비록 배 속에 아기가 있다 한들 / 어찌 잘 크기를 바랄 수 있으리오
> 부질없이 황대사를 읊조리고 / 피눈물 흘리며 소리 죽여 슬퍼한다

애써 태연한 척하는 아내의 모습에서 먼저 보낸 어린 남매의 무덤가를 내려오며 울음을 삼키는 허난설헌의 뒷모습이 보였다. 온갖 부조리가 가득한 세상에서 이 여인이 감내해야 할 아픔은 또 무엇일까 하여 딱하고 애처롭게 비쳐 무덤에서 다 흘리지 못한 눈물을 마저 흘렸다.

야수 같으신 하나님

"하나님. 참으로 나쁘시다. 야속하시다. 계산을 잘 못하신다. 누구를 데리고 가고 누구를 데리고 가지 말아야 하는지 모르시나. 내 나중에 가서 따져 볼 테다. 계속 이런 식으로 하시려면 하나님 때려치우시라고. 그 자리에서 물러나시라고. 자식 죽음 앞에 아무것도 하지 않으시고. 나도 무기력하게 만드시고. 주셨다가 빼앗아 가시는 변덕쟁이. 구하면 주겠다 하셨는데 죽음을 주시다니. 이것이 공평과 정의인가. 말만 많은 나쁜 양반 같으신 하나님."

일기장에 이렇게 써 놓았다. 화가 났다. 분노를 표출했다. 딸의 죽음으로 인한 자책감을 감추려고 누군가를 비난해야 했다. 그 누군가가 나에게는 하필 하나님이셨다. 나는 하나님을 비난했다. 이렇게 불경스럽고 거친 말들이 한동안 마구 쏟아져 나왔다. 이런 말을 했는데도 벼락 맞지 않고 지금까지 살아 있는 것으로 봐서 하나님이 보시고도 모르는 척해 주시는 것 같다.

낯선 하나님을 만났다. 이전에 내가 알던 하나님이 아니셨다. 딸의 죽음 앞에 경험한 하나님은 전혀 다른 하나님이셨다. 그분은 더 이상 내게 행복을 주시는 하나님이 아니셨다. 더 이상 내 필요를 채워 주시는 하나님이 아니셨다. 어린아이들을 오라 하시는 인자한 얼굴의 하나님이 아니셨다. 빛나는 하얀 옷을 입고 보좌에 앉으신 거룩하신 하나님도 아니신 것 같았다. 인자하시고 성실하신 하나님의 얼굴을 찾아볼 수 없었다.

오히려 야수의 무서운 이빨을 드러내며 포효하는 얼굴을 가진 하나님이셨다. 으르렁거리며 내게 달려들고 계셨다. 내 갈빗대를 뜯어내고, 내 심장을 파고들며, 사나운 발톱을 들어 나를 치신 하나님이셨다. 내 목을 잡아 당장이라도 숨통을 끊으실 기세였다. 피투성이가 되도록 나를 사정없이 두들겨 패시는 하나님을 만났다.

그리고 그분은 내게 말씀하셨다. 내 뺨을 치시며 자신이 누구인지 말해 보라 하셨다. "너는 도대체 나를 누구라 생각하는지 말해 보라"고 하셨다. 노려보시며 내게 대답을 요구하셨다.

"주님, 당신은 진정 누구십니까? 왜 나한테 달려드십니까?

당신은 진짜 나의 하나님 맞으십니까?"

그 앞에 무릎 꿇고 앉은 나는 대답할 말을 찾지 못했다.

내가 알지 못했던 하나님이셨다. 그분에 대한 나의 지식은 지극히 적었다. 나의 경험과 이해로 내가 만든 상자 안에 갇혀 계신 하나님이셨다. 이제 크고 두려우신 하나님을 만났다. 게다가 나는 무엇이 선이고, 무엇이 악인지 분별하지 못했다. 무엇이 공평과 정의인지도 몰랐다. 무엇이 진정 사랑인지도 몰랐다. 무능함을 알지도 못했다. 악을 선으로 바꿀 수 있는 능력이 내게는 조금도 없었다. 나는 아니었다. 나는 하나님이 아니었다.

부활의 새벽. 처참하게 뜯긴 채로 낯선 하나님 앞에 무릎을 꿇었다. 다 이해할 수 없었고 받아들일 수 없었지만… 적어도 유나에게 이 세상에서 새 생명을 주셨기에. 하나님 나라에서 영원한 생명을 누리게 해 주셨기에. 그 생명을 우리에게 주시기 위해 자신도 자식의 죽음이라는 고통을 맛보셨기에. 십자가에서 죽어 가는 자기 아들을 보고만 있어야 하셨기에. 자기 자식을 마음 가운데서 밀어내고 나를 받아 주셨기에. 더 중요한 것은 유나가 좋아하는 분이셨기에. 유나에겐 최고의 하나님이셨기에. 적어도 이렇게 욕하고 생떼를 부려도 해코지하지 않으시기에. 항복 선언을 했다.

노래 부르며 춤추던 아이

유나는 흥얼거리며 노래 부르기를 좋아했다. 그 흥얼거림을 들으면 옆에 있던 나도 덩달아 기분이 좋아졌다. 한번은 영어 캠프에서 배웠다며 노래 하나를 들려주었다. 혀 짧은 발음으로 팝송을 불렀는데 참 귀여웠다. 창밖을 바라보며 온 가족이 따라 불렀던 기억이 있다.

어느 날 라디오에서 이 노래를 다시 듣게 되었는데 그때 소중한 기억이 함께 되살아났다. 가사가 좋아 찾아보니, 이 노래는 카펜터스(Carpenters)라는 남매 가수가 부른 "Sing"이라는 노래였다. 내게는 가사가 이렇게 다가왔다.

노래를 부르세요 아빠 / 크고 힘차게요 아빠 / 좋은 것을 노래해요 나쁜 것 말고요 / 행복을 노래해요 슬픈 노래 말고요 / 단순하게 노래 불러요 평생 계속 부를 수 있도록 / 사람들 시선은 신경 쓰지 말고요 / 그냥 노래 불러요 아빠(Sing, sing a song / Sing out loud, sing out strong / Sing of good things not bad / Sing of happy not sad / Make it simple to last your whole life long / Don't worry that it's not good enough for anyone else to hear / Just sing, sing a song).

내가 늘 슬픔에 빠져 살까 걱정이 되었나 보다. 그래서 슬퍼질 때면 노래를 부르라고, 크고 힘차게, 슬픈 노래보다 행복한 노래를 불러 달라고, 남들이 어떻게 생각할지 신경 쓰지 말고 노래를 부르라고 하는 듯했다. 또 세상 모든 사람이 이 노래를 함께 따라 부를 수 있도록 해 달라고 했다.

용기를 내어 나는 딸을 위한 사랑의 노래를 부르기로 다짐했다. 남다른 재주가 있어서 부르는 노래가 아니라, 사랑해서 부르는 노래다. 다만 음악이 아닌 글로써 노래를 부르기로 했다. 글로써 딸을 향한 애도와 사랑의 노래를 부르기로 했다. 나뿐만이 아니라 따라 부르는 모두가 위로받고 소망을 잃지 않게 되리라는 마음으로 말이다.

유나는 또한 춤추기도 좋아했다. 주일학교에서 선생님들을 따라 열심히 율동을 하던 모습이 생각났다. 몸이 나를 닮아 수줍어하지만 딸아이 특유의 흥과 즐거움이 있었다. 어린이집 졸업 행사에서 한복을 입고 친구들과 부채춤을 추던 모습, 예쁜 드레스를 입고 발표하던 모습도 눈에 선하다. 무대에 서는 것을 좋아했던 것 같다.

지금 생각해 보니 춤과 노래를 좋아했던 유나는 커서 뮤지컬 배우를 하면 참 좋았겠다 싶다. 춤을 추면서 무대를 활보하는 아름다운 여주인공 말이다.

뮤지컬 "노트르담 드 파리"를 본 적이 있다. 마지막 이별 장면이 그 노래 선율과 함께 오래도록 기억에 남았다. 괴물 취급을 받는 콰지모도(Quasimodo)는 차별과 권력 때문에 희생양이 된 에스메랄다(Esmeralda)를 구할 수 없었다. 교수대에서 내려온 에스메랄다의 시체를 끌어안고 다시 춤을 춰 달라고 울부짖었다. "춤을 춰요, 나의 에스메랄다"(Danse, Mon Esmeralda). 콰지모도는 영원히 그녀 곁에 남을 것이며 죽음조차 우리를 갈라놓을 수 없다고 노래했다.

이때 에스메랄다가 다시 일어나 춤을 출 것만 같았다. 그 아름다운 모습으로 콰지모도에게 달려와 안길 것만 같았다. 그것은 부질없는 내 바람이었다. 그렇게 막이 내렸다.

유나는 이 뮤지컬의 에스메랄다 배역이 잘 어울릴 것 같다. 보헤미안 노래와 춤을 추며 무대를 활보하는 아름다운 모습. 천국에도 뮤지컬 무대가 있다면 내 딸이 주인공이 되어 공연하는 모습을 꼭 보고 싶다. 이런 상상을 하는 동안, 나는 에스메랄다를 품에 안고 부르짖는 콰지모도가 된다.

"나의 에스메랄다, 일어나 춤을 춰요. 노래해요. 한 번만 더 날 위해. 함께 갈 수 있다면 죽음도 두렵지 않아. 내 품에서 잘 자요. 죽도록 그댈 사랑해."

결국 나의 에스메랄다는 일어나 춤추지 못했다. 내 딸아이는 오로지 나의 상상 속에서만 춤을 출 것이다. 지금은 나만이 그 아이의 노랫소리를 듣는다. 하지만 우리 모두가 그 아이가 춤추며 노래하는 모습을 볼 날이 있을 것이다. 부활의 날에 무대에 선 내 딸아이를 기대한다. 아름답고 밝게 빛나는 옷을 입고 발랄한 목소리와 환하게 웃는 표정으로 춤추며 노래하는 수많은 '에스메랄다'들의 공연이 있을 날을 기다리고 있을 테다. 그날이 오기를 바라며 나는 콰지모도의 슬픈 노래를 부른다.

나 오늘 학교 가야 돼요?

유나는 머리가 아프다고 했다. 밤새도록 헛구역질도 해 댔다. 아내는 감기거나 장염에 걸렸을 것이라 생각했다. 아침까지 참으면 되니까 좀 더 자라고 토닥토닥하며 아이를 재웠다. 화장실에서 나오던 유나가 엄마에게 느닷없이 질문을 했다. 이 질문 후 유나는 깊은 잠에 빠졌다. 우리는 유나가 밤새도록 시달려서 잠을 잔다고 생각했다. 이 질문이 결국 유나가 세상에서 남긴 마지막 말이 되었다.

"엄마, 나 오늘 학교 가야 돼요?"

세상에서 마지막으로 남긴 한마디가 학교 가야 되냐는 질문이었다. 유나는 무슨 생각을 했던 것일까? 죽을지도 모르는 아이한테서 나온 소리가 학교 가야 되는 것이냐고 묻는 말이었다. 내 딸은 언제부터 '학교 가는 것'을 그렇게 중요하게 여겼을까. 내 딸은 학교 가는 것을 어떻게 생각하고 있었을까. 유나는 학교 다니는 것을 좋아했을까. 행복한 학교, 행복한 교실이라 생각했을까.

유나가 가야 했던 그 학교에 아빠와 엄마가 근무하고 있었고, 오빠가 학생으로 다니고 있었다. 사람을 키우는 일에 우리의 미래를 투자한다며 선택한 것이 기독교 대안 학교 사역이었다. 우리 가족에게 학교는 부르심이자 일터이고 가정이며 놀이터였다. 아침에 온 식구가 함께 학교로 길을 나섰다. 모든 가족이 같은 메뉴로 점심 식사를 했다. 저녁에 함께 집으로 향했다.

유나 반 친구들이 성장하는 모습을 보고 있노라면 그만큼 자라 있을 유나가 생각난다. 나중에 이 친구들이 크면 유나 이야기를 해 줄 수 있을까. 지금은 아직 어려서 내게 말도 잘 못 붙인다.

학교에서 유나는 이 친구들과 어울려 놀기를 좋아했다. 겁이 많고 소심해서 속마음을 잘 못 털어놓는 편이었다. 자기가 좋아하는 아이가 다른 친구와 노는 모습을 보면 안타까워했다. 자신만 좋아해 주기를 바랐다. 아빠는 이해하지 못하는 여자아이들끼리의 복잡한 세계가 존재했던 것 같다.

유나는 친구들 때문에 울기도 하고, 다른 친구를 울리기도 했다. 마음에 비해 힘이 세서 어쩌다가 친구를 밀쳐 넘어트려 친구의 부모님이 화가 많이 나신 적이 있었다. 교감 선생의 딸이 그랬으니 담임 선생님이 얼마나 난감하셨을까.

원어민 교사였던 존 목사에 의하면 영어 시간에 유나는 통역 역할을 했다고 한다. 영어를 알아듣지 못하는 친구들에게 선생님이 무슨 말씀을 하시는지 설명해 주었단다. 어떤 때는 떠들지 말라고 하는 등 '군기 반장' 역할도 했다고 한다. 유나를 무서워했던 학생들도 있으리라 생각하니 웃음이 나왔다.

체육대회에서 달리기를 하는데 유나가 같은 반 친구의 손을 잡고 달렸던 기억이 난다. 다소 몸이 왜소한 친구를 넘어지지 않게 도와주라고 선생님이 특별히 부탁하셨다고 했다. 유나는 그 친구의 손을 잡고 힘차게 달렸다. 비록 순위에는 못 들었어도, 그렇게 달려온 유나를 높이 올려 안아 주었던 추억이 생각난다.

한번은 아침 채플 때 유나가 떠듬떠듬 대표 기도를 했다. 전날 영어로 쓴 기도문에 한글 발음을 적어 엄마와 한참을 연습했다. 제법 영어로 알아듣게 잘 기도했다. 설교를 할 때 잠시 눈이 마주쳤는데 아주 잘했다고 눈짓을 주었다. 아이가 참 좋아했다. 그때 쓴 기도문이 사물함 안에 있던 성경책 속에 고이고이 잘 접혀 있었다.

아이가 떠나고 여전히 남아 있는 책상과 사물함에 붙어 있던 이름표를 떼어 왔다. 마음 아파 담임 선생님이 차마 못 떼신 이름표였다. 아이의 교실을 지날 때마다 주인을 잃어버린 빈 책상, 빈 사물함이 보인다. 유나가 있었던 교실을 둘러볼 때마다 가슴이 아프고, 유나 친구들을 만날 때마다 유나가 너무 그립고 불쌍하다. 유나의 흔적을 볼 때마다 고통이고 그리움이다. 이제는 기억에만 존재하는 유나의 교실이 되었다.

유나는 다시 우리 학교로 돌아오지 못했다. 하나님이 기뻐하시는 교육으로 가득한 새 하늘의 새 학교로 전학을 갔다. 유나가 떠난 뒤 아빠는 학교의 교장이 되었고, 엄마는 중등 교감으로 자리를 옮겼다. 그리고 유나가 남기고 간 "엄마, 나 학교 가야 돼요?"라는 질문은 우리 부부에게 큰 숙제가 되었다.

우리 모두의 부족함으로 유나가 다녔던 학교는 마냥 행복한 곳, 사랑과 정의가 넘치는 곳은 아니었으리라. 모두가 다니고 싶어 하는 더 좋은 학교, 학생뿐 아니라 교사와 학부모도 다니고 싶어 하는 학교를 만들어 달라고 아이가 우리에게 숙제를 남겨 준 것 같았다.

옷장에 아직 아이의 교복이 남아 있다. 아이는 이 교복을 딱 한 주 입었다. 와이셔츠에 반찬 자국이 묻어 있다. 털털한 성격은 꼭 나를 닮았다는 생각이 든다.

아이의 교복을 만지작거리며 더 좋은 학교를 만들어 주겠다며 유나에게 약속한다. 숙제하는 심정으로 아내와 나는 출근을 한다.

루벤스의 그림 "성모승천"

어릴 때 만화 영화를 좋아했다. "빨강머리 앤"은 어려운 환경에도 아름다움을 상상하는 앤의 모습이 좋았다. "미래 소년 코난"은 디스토피아 세상에서 생존하며 모험하는 코난의 모습이 인상적이었다. 만화 영화는 친구가 별로 없었던 내게 좋은 친구가 되어 주었다.

나는 그중에서도 "플란다스의 개"를 좋아했다. 할아버지와 함께 우유를 배달하는 수레를 끄는 파트라슈와 손자 네로에 대한 이야기다. 그 당시 우리 집은 우유를 생산하는 젖소 목장을 운영했기에 이 이야기는 매우 친숙했다. 아버지는 경운기가 생기기 전에는 리어카에 우유 통을 싣고서 납품을 하기도 하셨다. 우리 집에는 셰퍼드가 한 마리 살았는데, 나는 이 녀석을 파트라슈처럼 아끼고 사랑했다.

하지만 이 만화 영화의 마지막은 너무도 슬펐다. 그 먹먹함이 어른이 된 지금까지도 남아 있다. 네로는 열심히 살아 보려 했지만 집안 형편은 점차 기울어 간다. 풍차 사건에 휘말리고, 할아버지가 돌아가시고, 지갑을 훔쳤다는 오해도 받는다. 결국에는 화가가 되려는 마지막 희망인 미술 대회에서도 입상하지 못한다. 더 이상 희망을 찾을 수 없다. 네로는 눈보라를 헤치며 안트베르펜 성당을 찾아가 그곳에서 파트라슈를 끌어안고 얼어 죽고 만다. 결말이 이렇게 슬프기 때문에 일본에서는 마지막 편이 방영되기 전까지 제작사에 네로를 살려 달라는 요청이 빗발쳤다고 한다.

실제 원작 소설의 배경이 되는 안트베르펜 성당에는 17세기 바로크 회화의 거장 피터 루벤스(Peter Paul Rubens)가 남긴 작품들이 있다. 네로는 루벤스의 "성모승천"(The Assumption of the Virgin)을 보며 화가의 꿈을 키운다. 비록 화가가 되는 꿈을 이루지는 못하지만, 또 다른 소원은 이룬다. 이 성당에서 루벤스의 명작 "십자가에서 내리심"(Descent from the Cross)을 죽기 전에 보게 된 것이다. 네로가 죽을 때는 "성모승천" 그림 속에 있던 아기 천사들이 네로를 파트라슈가 끄는 수레에 태워 하늘나라로 데려간다. 비록 작가의 상상력이 만들어 낸 이야기이기는 하지만 참 아름다운 장면이라는 생각이 든다.

"성모승천"이 내게 다시 의미를 준 것은 유나가 하늘나라로 떠난 후 슬픔에 잠겨 있을 때였다. 워싱턴에 있는 국립현

대미술관에서 "성모승천"의 복제품을 본 적이 있다. 그 그림은 1620년경에 제작되었는데, 루벤스의 작업실에 있는 제자의 작품으로 추정된다. 루벤스의 스케치보다 더 크고 세심하게 그려졌지만 붓놀림은 스승에 비해 강렬하거나 즉흥적이지 않다. 그럼에도 그 그림은 내 발걸음을 오랫동안 사로잡았다.

유나가 하늘로 떠나간 일은 말로 표현할 수 없는 큰 아픔이었다. 중환자실에서 겪던 그 마지막 슬픔은 내게 지울 수 없는 충격을 안겼다. 불안정한 심장 박동 소리, 억지로 호흡을 유지하기 위한 장치 소리, 청색으로 변하는 유나의 입술, 고통 속에 움츠러드는 유나의 몸, 유나의 감은 눈에서 떨어지는 눈물, "유나야, 사랑해. 유나야, 조금만 참아. 곧 끝날 거야. 유나야, 아빠가 많이 사랑해" 하며 호흡과 맥박이 느려지는 유나의 옆에 앉아 두 손 꼭 잡고 해 준 말들, 피를 토하며 끊어진 유나의 마지막 호흡, 절망과 함께 절규하는 우리 가족들의 울음 소리….

"우리 유나, 고생 많았다. 유나야, 아빠가 많이 사랑했다."

루벤스 학파의 "성모승천"은 그 충격과 고통 속에 머물던 나의 시선을 하늘로 옮기게 했다. 하늘로 승천하는 마리아의 모습에서 유나의 모습을 본다. 이 땅에서 숨진 마리아는 아기 천사들의 인도를 받아 하늘로 올라가고 있다. 하늘에서는 밝은 빛이 그녀를 환영하고 있다. 두 아기 천사가 화환을 준비해 곧 머리에 씌워 줄 태세다. 무덤에 남은 사람들은 여전히 충격과 슬픔에 싸여 있다. 그러나 마리아를 어머니처럼 끝까지 돌본 것으로 추정되는 요한 사도는 하늘을 향해 두 손을 뻗어 그녀를 하늘로 보내 주고 있다.

싸늘하게 식어 가는 자식의 시체를 바라보는 것보다 더 참혹한 일은 없을 것이다. 비통함이 호흡까지 멈추게 만들었다. 하지만 그 시간에 내 머리 위에서 이와 같은 일이 일어났다고 상상해 본다. 하늘이 밝은 빛으로 환영하고 아기 천사들이 유나를 안내해서 천국으로 인도했을 그 모습을, 화관을 쓴 모습으로 하늘나라에 입성한 딸아이를 상상의 눈으로 그려 본다. 경외함을 가지고 하늘을 바라보던 사도 요한의 시선을 가진다. 나도 두 손을 뻗어 믿음으로 내 딸을 보내 준다.

일상으로 돌아오니 시간이 너무 빠르게 지나간다. 슬퍼하고 애도할 여유가 없다. 이것이 득이 되는 것인지, 독이 되는 것인지 현재로서는 알 수가 없다. 일부러 몸을 피곤하게 해서 잊어 보려 시도했으나 부질없는 짓임을 알았다. 하루에도 몇 번씩 찾아오는 충격에 사로잡힐 때는 아무것도 못한 채 한참을 손 놓고 있어야 한다. 그럴 때면 '유나의 승천 사건'을 상상해 본다.

"내가 확신하노니 사망이나 생명이나 천사들이나 권세자들이나 현재 일이나 장래 일이나 능력이나 높음이나 깊음이나 다른 어떤 피조물이라도 우리를 우리 주 그리스도 예수 안에 있는 하나님의 사랑에서 끊을 수 없으리라"(롬 8:38-39).

갑작스런 상실이 주는 충격은 너무도 강합니다. 그 실체가 너무도 구체적이고 무겁습니다. 반면에 우리가 가진 믿음은 너무나 약하다고 느낍니다. 실체는 없이 추상적이고 가벼워 보입니다. 믿음이 흔들리는 것은 당연합니다. 어떻게 선하신 하나님이 사랑하는 자에게 고통을 주실 수 있는지 의심이 들기도 합니다. 전능하신 하나님이 죽음 앞에서는 아무것도 하실 수 없는 것인지 믿음이 흔들립니다. 애통하며 절망의 폐허에서 나뒹굴 수 있습니다. 한계가 있는 피조물이 그분의 사랑과 능력을 다 알 수 없습니다. 우리가 이런 한계를 인정한다면 새로운 사실에 눈을 뜰 수 있습니다. 하나님은 우리가 이해할 수 없는 방법으로 지금도 일하고 계시다는 진리 말입니다. 우리의 애통함보다 더 큰 그분의 애끓는 사랑이 우리를 다시 살게 할 것입니다. 아무것도 우리를 절대로 그분의 손에서 빼앗을 수 없습니다. 그분의 사랑으로 우리는 이 폭풍과 같은 계절을 안전하게 지날 것입니다. 우리의 영혼은 안전합니다.

"사랑하는 자야, 나에게 돌을 던져 다오. 네 비난을 듣기 위해 내가 침묵을 지켰노라. 네 분노를 나에게 쏟으라. 너의 눈물을 나에게 쏟으라. 너의 눈물을 받기 위해 내 물과 피를 이미 모두 쏟았느니라. 내가 너의 아픔을 다 감당하기 위해 이렇게 십자가를 졌노라. 너는 나의 길을 알지 못한다. 지금은 다 이해할 수 없다. 그렇기에 너의 돌팔매질을 그냥 맞고 있으련다. 너를 위해 이 십자가에서 내려가지 않으련다. 기억해 다오. 네가 아무리 나에게서 도망가려 해도 나는 너를 결코 버리지 않을 것이다. 네가 어디로 가든지 나는 너와 함께할 것이다. 죽어 있는 것이나 살아 있는 것이나 어떤 상황이나 존재가 너를 나에게서 빼앗을 수 없다. 십자가에 박아 놓은 네 못으로, 나는 너의 이름을 내 심장에 새겼노라. 이제 나는 결코 너를 잊지 못할 것이다."

주님, 혼란스럽습니다.

주님이 어디 계신지 보이질 않습니다.

사망이 주님과 저를 갈라놓은 것만 같습니다.

애도의 큰 강물이 흐릅니다.

영혼이 휩쓸리고 있습니다.

애통하며 통곡합니다.

불안합니다.

홍수에 잠식당할 것 같습니다.

오늘도 그 애도의 강가에서

내 영혼이 휩쓸려 가는 것을 바라봅니다.

주님, 제가 오늘도 주님을 못 박았습니다.

누군가에게 화를 내야 했기에 주님께 분노를 쏟아 냈습니다.

당신의 침묵이 야속해서 십자가에 돌멩이를 던졌습니다.

십자가의 대못으로 당신의 심장에 제 이름을 새겼습니다.

이렇게 울음을 당신께 토해 냅니다.

주님, 저는 압니다.

이렇게 당신에게 생채기를 내어도

주님은 나를 사랑하신다는 사실을 말입니다.

피투성이가 된 내 영혼을 주님의 보혈이 지키고 있음을 압니다.

비록 내 눈에 보이지 않지만,

십자가를 지신 분이 지금도 나를 위해 일하고 계심을 믿습니다.

주님의 사랑이 나를 지키고 있기에

이 폭풍의 계절을 지날 수 있습니다.

내 영혼이 안전합니다.

소망을 멈추지 않겠습니다.

내 모든 울음을 받아 주시는

주 예수 그리스도의 이름으로 기도합니다.

아멘.

3부

수용의 계절을 지나며

겨울을

견뎌 내다

봄의 향연

봄이 다시 왔다. 곧 꽃의 향연이 펼쳐질 테다. 이맘때 구례에 가면 노란 꽃이 온통 마을을 뒤덮은 광경을 볼 수 있다. 처음에는 개나리가 한창 피었는지 알았다. 그것이 산수유 꽃이라는 것을 나중에야 알았다. 옆 마을로 몇십 분 차를 타고 가다 보면 광양에 들어선다. 광양은 매화로 유명하다. 매화 꽃잎이 바람에 흩날리는 모습은 참으로 정겹다. 산수유 꽃과 매화가 지나가면 벚꽃이 그 뒤를 따르겠지.

유나가 떠날 때는 산수유 꽃과 매화가 한창이었다. 화려한 벚꽃의 시절은 아직 시작되지 않은 때였다. 벚꽃에 비하면 산수유 꽃과 매화는 작고 소박한 꽃이다. 유나는 산수유 꽃과 매화를 닮았다. 아직 찬바람이 남아 있는 이른 봄에 흐드러지게 피었다가 너무 빨리 져 버리는 꽃들처럼 말이다. 그렇게 유나는 봄꽃처럼 살다가 떠났다. 유나는 인생의 봄날에 활짝 피더니 사라져 버렸다. 떨어지는 꽃잎을 두 손에 담기도 전에 바람 불어 사라져 버렸다.

사실 유나는 벚꽃을 좋아했다. 하지만 벚꽃이 다시 피기 전에 생을 마감했다. 유나는 눈처럼 떨어지는 벚꽃 잎들을 두 손에 받아 들고 좋아했다. 하얗게 쌓인 꽃잎 속으로 달려가 눕기도 했다. 두 손으로 한 움큼 쥐어 눈발을 날리듯이 허공으로 높이 날려 버리기도 했다. 지금도 흩날리는 꽃나무 길을 걸을 때면 유나가 우리에게 두 손 모아 꽃잎을 뿌려 주고 있는 것만 같다. 라이너 마리아 릴케(Rainer Maria Rilke)의 "인생"[3] 이라는 시가 떠오른다.

인생이란 꼭 이해해야 할 필요는 없는 것, / 그냥 두면 축제 같은 것이 될 터이니. / 길을 걸어가는 아이가 / 바람이 불 때마다 날려 오는 / 꽃잎들의 선물을 받아들이듯이 / 매일매일 이 네게 그렇게 되도록 하라.

꽃잎들을 모아 간직해 두는 일 따위에 / 아이는 아랑곳하지 않는다. / 제 머리카락 속으로 기꺼이 날아들어 온 / 꽃잎들을 아이는 살며시 떼어 내고, / 사랑스런 젊은 시절을 향해 / 더욱 새로운 꽃잎을 달라 두 손을 내민다.

유나는 봄의 축제처럼 살다가 떠났다. 흩날리는 꽃잎을 두 손에 담아 두며 떠났다. 그러곤 또 다른 꽃잎을 두 손에 담았다. 이제 내 차례다. 봄의 축제처럼 사는 것이다. 유나처럼 살아가자. 따듯한 바람과 함께 내게 날아들어 온 꽃잎에 감사하자. 새로운 꽃잎 담으려 두 손 내밀어 본다.

아직 남아 있는 최고의 순간

며칠 전 유나의 수저를 발견했다. 유나가 맛있게 밥 먹던 모습을 떠올리게 하는 분홍색 수저와 포크. 부엌 싱크대 서랍장 속 다른 수저들 밑에 숨어 있었다. 이사할 때 버려지지 않고 새집까지 따라왔다. '주인은 이미 떠났는데 수저는 주책없이 따라왔구나' 하는 생각을 했다.

사실 그냥 버릴 수 있었다. 그런데 차마 버릴 수 없었다. 소중했던 유나의 삶이, 추억이 담겨 있어 매정하게 버려 버릴 수 없었다. 유나의 추억 상자에 유나의 베넷저고리, 신발, 좋아했던 장난감, 인형, 사진첩, 엽서와 상장, 스케치북 등을 버리지 않고 넣어 두었다. 수저도 그 속에 고이고이 싸서 넣어 두었다. 아내에게 말했다.

"우리 중에 먼저 세상을 떠나는 사람이 가지고 가기로 하자. 그곳에서 우리 딸 만나면 꼭 전해 주자. 환영 만찬을 할 때 사용할 도구를 깜빡 잊고 안 가져갔더라고 말하자. 드디어 기다리던 최고의 순간이 바로 지금이라고 하며 즐거워 해 보자."

미국에서 공부할 때 한 교수님이 전해 주신 이야기가 있다. 한 장례식에 참석해서 관 속에 누워 있는 고인을 살펴보는데 유난히 반짝이는 물건이 손에서 빛나고 있었다. 두 손에 디저트 스푼이 쥐여 있었던 것이다. 유가족들에게 물어보자 고인이 살아 있을 때 입버릇처럼 하셨던 말씀이 있었다고 했다.

"나의 최고의 순간은 아직 안 왔어!"

초콜릿 케이크를 좋아하셨던 고인은 메인 요리보다 디저트가 더 베스트라고 생각하셨다. 그러면서 믿는 자에게 최고의 순간은 살아 있을 때보다 죽음 이후에 기다리고 있는 부활의 삶이 아니냐고 말씀하셨다고 했다. 자신은 최고의 잔치에 참여할 날을 기다릴 테니 무덤에 갈 때 디저트 스푼을 손에 쥐여 달라 부탁하셨단다. 그분에게는 아직 최고의 순간이 남아 있다는 것이다.

나도 그날에 벌어질 향연을 믿는다. 그때 딸을 다시 만나 함께 먹고 마실 날을 기대한다. 그날을 기다리며 유나의 수저를 고이고이 싸 둔다. 최고의 순간이 아직 남아 있음을 기억하며 오늘 내게 주어진 양식을 감사함으로 받아 한 입, 한 입 꼭꼭 씹어 넘기겠다. 내 딸이 이 세상에 있을 때 보여 주었던 모습처럼 매 순간을 음미하며 꼭꼭 씹으며 감사하고 성실함으로 살아가련다. 그렇게 살아간다면 우리의 최고의 순간은 지금일 수도 있고, 그날일 수도 있겠다.

　섬기는 교회의 목사님들과 함께 식사를 했다. 식사도 맛있었지만 디저트로 먹은 생과일 케이크는 더 맛있었다. 메인 음식도 맛있고 디저트도 맛있는 삶, 그런 삶 살아가련다.

나는 사랑하는 사람을 잃었습니다

기독교 철학과 신학에서 유명한 학자인 니콜라스 월터스토프(Nicholas Wolterstorff)는 아들 에릭을 잃었다. 건장한 스물다섯 살 아들이 멀리 오스트리아에서 일어난 등반 사고로 갑작스럽게 세상을 떠났다. 비록 그는 철학과 신학에 해박한 지식을 가지고 있었지만, 자신이 당한 상실과 고통에 대해서는 설명할 말을 찾지 못했다. 상실의 슬픔 앞에 그가 알고 있던 신학과 사상은 철저하게 무기력했으며 그 어떤 위로도 되지 못했다.

그는 자신의 슬픔에 대해 논문을 쓰는 대신 그 슬픔을 노래했다. 신학자가 아니라 아들을 잃은 아버지로서 애가를 부르기로 했다. 그가 자신의 '통곡의 벤치'에서 목 놓아 울며 쓴 글이 《나는 사랑하는 사람을 잃었습니다》(좋은씨앗, 2014)라는 책 제목으로 내게 전달되었다.

그는 분명 자기 목숨을 잃어버린 것은 아들인데, 잃어버린 아픔을 느끼는 것은 아들이 아닌 아버지 자신의 것이라는 사실이 도저히 이해가 되지 않았다고 했다. 요람에 누운 아이의 따뜻한 촉감과 관 속에 누운 아이의 차가운 촉감을 동시에 기억하는 것은 받아들이기 힘든 현실이라 했다. 아들을 줄에 매달아 구덩이에 묻는 것은 자기 자신을 묻는 일과 같았다 했다. 하지만 그와 같은 경험으로 하나님의 고통도 이해하게 되었다고 했다. 하나님은 우리에게 고통을 설명하시는 대신에 친히 우리에게 내려와 우리의 고통을 나누어 지셨다는 진리를 마음으로 받아들이게 된 것이다.

유나를 잃고 한참 동안 설명을 찾아 헤맸다. 이해하고 싶었다. 도대체 왜 이런 일이 일어났는지에 대해서 말이다. 내가 소유한 지식과 경험으로는 현재의 상황이 이해되지 않았다. 누가 좀 설명을 해 주기를 바랐다.

하지만 그 어떤 설명도 도움이 되지 못했다. "하나님의 또 다른 뜻이 있을 거예요", "목사님이 큰일을 하시기 위해서 먼저 데려가신 거예요", "학교가 좋아지려고 하니까 마귀가 도전한 거예요", "유나를 너무 사랑하셔서 데려가신 거예요." 불행히도 이러한 설명들은 내 상처를 덧나게 했다. '하나님이 일부러 그렇게 하셨단 말인가. 다른 이를 벌주시려고 죄 없는 내 아이를 데려가셨단 말인가' 하며 원망만 더 커졌다.

신학자이건 아니건 상실이 주는 고통을 이 세상에서 다 이해하거나 설명할 수는 없다. 또한 그 설명이 꼭 도움이 되는 것도 아니다. 우리가 할 수 있는 것이라고는 회피하지 않고 고통과 슬픔을 온전히 노래하는 것이다. 어쩌면 이 고통의 바다를 건너게 하는 힘은 설명에서 나오는 것이 아니라 노래에서 나올 것이다.

내게 주신 고난에 대해 설명하는 대신 노래를 부르기로 한다. 유나에 대한 슬픔의 애가, 사랑의 연가를!

고통의 터널 끝에서 하나님을 만나다

상실의 한가운데 서면 하나님의 부재를 경험한다. 아무리 둘러봐도 하나님이 보이지 않기 때문이다. 이 고통의 시기에 홀로 두신 하나님을 원망한다. 자식을 빼앗아 가신 나쁜 신을 탓한다. 그리고 홀로 어둠의 터널 속을 방황하게 된다.

이제 4개월이 되어 간다. 매일매일 쓴잔을 마신다. 요즘 나는 내게 허락된 고통의 쓴잔을 끝까지 다 마시는 훈련을 하고 있다. 매일 밤 야수가 내 심장을 파먹고 있는 고통을 견디고 있다. 이 고통의 잔의 바닥에서 무엇인가를 발견할 수 있을까. 아마도 나는 고통을 잊거나 떠나 버릴 수는 없을 것이다. 대신에 고통과 함께 사는 법을 배우게 될 것을 기대한다. 아마도 슬픔은 계속될 수 있지만 그 슬픔이 더 이상 고통스럽게 느껴지지 않을 때가 올 것이라고 믿는다.

아들 에릭을 잃은 월터스토프는 눈물이 흐르도록 내버려두는 길을 택했다. 어느 정도 시간이 흐른 뒤 그 눈물은 그로

하여금 새로운 시야를 갖게 했다.

> 하나님은 고통받는 자들의 하나님이실 뿐만 아니라 스스로 고
> 통받는 하나님이시다. 인간의 고통과 타락은 하나님의 폐부를
> 파고들었다. 내 눈물의 프리즘 사이로 나는 고통받으시는 하
> 나님의 모습을 보았다.[4]

그는 고백하게 되었다. 그는 자신의 눈물 속에서 하나님의
고통을 볼 수 있게 되었다고, 그와 함께 고통당하신 하나님을
발견할 수 있게 되었다고 말했다. 그의 하나님은 고통을 설명
하시는 대신 친히 그의 고통을 함께 짊어지셨다. 그의 눈물
에서 발견한 하나님은 그와 함께 상처받으시는 구세주셨다.
  딸이 남기고 간 공간은 비어 있다. 딸의 방, 옷장, 침대를 들
여다볼 때마다 내 가슴속에도 커다란 구멍이 생긴다. 그 구
멍은 점점 더 커져만 간다. 하지만 그 커 가는 구멍에 감사한
다. 텅 빈 공간에 감사한다. 장차 이 빈 공간을 비집고 들어와
채우실 하나님의 은혜가 더 클 것이기 때문이다.
  언젠가 이 고난의 터널 끝에서 그분을 다시 만날 것이다.
저 멀리서 상처 입고 고난받아 비틀거리며 내게 다가오시는
나의 하나님을 만날 것이다.

딸이 남기고 간 공간은 비어 있다.
딸의 방, 옷장, 침대를 들여다볼 때마다 내 가슴속에도
커다란 구멍이 생긴다. 하지만 텅 빈 공간에 감사한다.
장차 이 빈 공간을 비집고 들어와 채우실
하나님의 은혜가 더 클 것이기 때문이다.

구정 아침에

오랜만에 부모님 댁을 찾았다. 창밖을 멍하니 바라보고 있었다. 따뜻한 햇살에 봄이 오고 있음을 느꼈다. 어머니가 다가와 어제 이야기를 들려주셨다. 참으로 예쁘고 고운 새가 찾아왔었다고. 한 마리 예쁜 새가 창밖 베란다에 내려앉았다 한참을 기웃거렸다고 하셨다. 안으로 들어오려는 것 같았다고 하셨다. 거실 안쪽을 들여다보고는 날아갔다고 하셨다. 어떤 말로 맞장구를 쳐야 할지 몰랐다. 어머니도 더 이상 말씀이 없으셨다. 그러나 무슨 말을 하시려 했는지 우리는 알았다.

그 일이 있은 후 작은 생명도 소중히 여기게 되었다. 모든 생명이 있는 것은 소중하다. 그들의 작은 몸짓 하나에도 관심을 가지게 되었다.

지난 가을에 백양사 뒤편 편백나무 숲길로 산책을 떠났다. 울창한 숲속에 편백 열매 향이 가득했다. 생명으로 충만한 공간이었다. 그곳을 지나는 오솔길을 세 식구가 나란히 걸었다.

오솔길을 따라 하얀색 나비가 계속 눈에 띄었다. 화려하지 않고 아담한 나비 한 마리. 이름은 잘 모르겠다. 아는 나비 이름은 배추벌레흰나비와 호랑나비 정도라. 나비가 우리를 계속 따라다녔다. 손짓으로 빨리 오라며 재촉하는 모습, 팔랑거리며 이리저리 다니는 모습, 햇빛에 반짝이며 생명의 충만함을 보여 주는 모습. 아내와 나는 눈을 마주쳤고, 같은 생각을 하고 있었다고 말하는 듯 공감했다.

"사라진다고 없어지는 것은 아니야. 저 노랑나비 말이지, 겨울이 되어도 죽지 않은 하얀 나비가 이듬해 노랑나비가 되어 나타나는 거래."

영화 "걸어도 걸어도"의 한 장면에 나오는 대사다. 큰아들을 잃은 어머니는 묘지로 향하다 한 마리 나비를 발견한다. 나비를 보며 반갑다고 여기저기 따라다닌다. 그 모습이 우리와 다르지 않았다. 영화에서 제삿날이 되자 영정 사진에 그나비가 다시 날아든다. 어머니는 큰아들이 왔다고 난리법석을 피운다. 어머니는 남은 가족들에게 말한다. 사라진다고 없어진 게 아니라고….

사랑하는 사람을 떠나보낸 자들은 그렇게 생각하며 서로 위로의 말을 건넨다. 동서양을 막론하고 사람들은 언제부터인가 그렇게 말하게 되었다. 누군가의 영혼이 날개를 달고 찾아온다고 말이다. 가족들이 그리워할 때마다 그렇게 찾아온다고 말한다.

구정 아침에 차마 우리가 하지 못한 말은 이 말이었다.

"명절에 유나가 할머니 보러 다녀왔구나. 가족들에게 인사하러 찾아왔구나. 들어오지도 못한 채 잠시 들여다보고 인사만 하고 갔구나. 너무 오래 머물면 그리움이 자국이 날까 봐 금방 떠났구나."

눈에서 안 보인다고 없어진 게 아니다. 잊으려 해도 잊히는 것이 아니다. 오히려 날개를 달고 생각지도 않은 시간에 찾아온다. 그래, 차라리 그리워할 때는 그리워하자. 차라리 마음껏 그리워하자.

상실 생존자

미국 워싱턴에 있는 홀로코스트 메모리얼 박물관에 가 본 적이 있다. 제2차 세계대전 당시 나치 독일에 의해 희생당한 유대인들을 추모하는 공간이다. 900여 개의 역사 유물과 전시자료들이 인간이 얼마나 잔혹할 수 있는지를 증언해 주었다.

15만 명 이상을 처형했다는 가스실 기록이 있었다. 사진에 나오는 가스실 벽에는 사람들이 남기고 간 손톱 자국이 즐비했다. 아무리 발버둥 쳐도 도망갈 수 없는 벽, 그곳에서 산화한 한 사람이 죽어 가면서 남겨 둔 문구는 "신은 죽었다"였다. 가스실에서 어머니들은 아이의 눈을 가리며 "이 샤워가 끝나면 집에 돌아갈 수 있다"는 거짓말을 해야 했다. 차마 지옥과 같은 참혹한 현실을 보여 줄 수가 없었던 것이다.

내 아이를 잃고 한동안 내 기분은 탈출할 수 없는 죽음의 수용소에 갇힌 것 같았다. 절망이라는 가스실에서 질식해 죽을 것만 같았다. '고통이 영원히 지속된다면 앞으로 어떻게 살지' 하는 두려움도 있었다. '삶의 희망'이라는 단어를 유나와 함께 무덤에 묻어 버린 듯 살았다. 상실을 경험하는 일은 그만큼 참혹하다.

허나 내가 간과한 사실이 하나 있었다. 죽음의 수용소에서 끝까지 생존한 사람들이 있었다는 것이다. 유태인 정신과 의사였던 빅터 프랭클(Victor E. Frankel)은 그중에서도 악명이 높았던 아우슈비츠 수용소에서 끝까지 살아남았다. 지옥만큼이나 극한 상황이었지만 그는 그곳에서 자신과 같이 생존하고 있는 사람들의 행동을 자세히 관찰했다.

어떤 이들은 삐쩍 마른 서로의 몸뚱이를 두고 우스운 농담을 주고받으며 현실을 풍자했다. 어떤 이들은 얼마 크지도 않은 자신의 빵을 기꺼이 나누어 주었다. 그들은 지독한 동상에 걸렸어도 잠시 동안 주어지는 따뜻한 햇살에 감사하기도 했다. 그들은 철창 너머 해 지는 노을에 감탄하며 내일 또다시 해가 뜰 것임을 기대하고 있었다.

환경은 그들을 지배하지 못했다. 그들은 참혹한 현실 속에서도 '의미'를 찾고자 했고, 그 의미를 따라 현실을 해석하고 살아 내기로 '선택'했다. 자신의 고통에도 어떤 의미가 있다고 믿었고, 이 때문에 자신의 삶을 포기하지 않기로 선택했다. 고통을 회피하지 않고 직면하여 자신의 삶의 일부분으로 기꺼이 받아들였다. 빅터 프랭클은 이렇게 정리했다.

어떤 식으로든 삶에서 의미가 존재한다면 고통 속에서도 의미
가 존재할 수 있을 것이다. 고통은 우리 삶에서 떼어 낼 수 없
는 일부분이다. 운명이나 죽음이 그러하듯이 말이다. 그렇다
면 고통과 죽음 없이는 인간의 삶은 결코 완전해질 수 없다.[5]

히브리서 11장에 기록된 믿음의 사람들은 그 '의미'를 하나
님의 약속에서 찾았다. 그들은 고문, 조롱, 매질, 투옥, 추방, 질
병, 죽음 등의 혹독한 시련을 통과한 '생존자'들이었다. 이 믿음
의 영웅들도 하나님이 계시지 않는 것같이 느껴지는 '하나님의
부재'를 경험하기도 했다. 하지만 그들을 향한 하나님의 약속
은 놓치지 않았다. 그 약속은 고통 속에서도 삶을 견디게 해 주
는 강력한 의미를 부여했다. 심지어 그들은 자신들이 당한 고
통 덕분에 오히려 더 온전한 사람으로 하나님 앞에 설 수 있
게 되었다.

죽음의 수용소와 같은 환경에서 살아온 믿음의 생존자들
의 존재가 내게 위안이 되었다. 오히려 엄살을 부리는 내가
부끄럽기까지 했다. 그들은 육신의 고통 속에서도 영혼의 자
유를 지켰다. 그들을 통해, 내게 벌어진 고통스러운 상황은

바꿀 수는 없지만 고통을 대하는 태도는 내가 선택할 수 있다는 것을 배웠다. 상실이 내 삶을 더욱더 온전하게 만들 수 있겠다는 생각도 들었다. 이제는 내게 주신 고통의 존재에 대해 익숙해진 것 같다. 이런 나에게 '상실 생존자'라는 별명을 지어 본다.

네 생각

봄이 오면
새싹처럼 푸르렀던 네 싱그러움이 생각나고

여름이 오면
물놀이 좋아하던 개구쟁이 네 모습 생각나고

가을이 오면
코스모스처럼 해맑게 웃던 네 웃음 생각나고

겨울이 오면
눈꽃송이처럼 뽀송했던 네 포근함이 생각난다.

이러다가 네 생각이 안 날 때가 없을 것 같다.

오두막

3년 전 아버지가 뇌 수술을 받으셨다. 뇌 속의 종양을 제거하기 위한 수술이었다. 수술대에 들어가시는 아버지에게 하나님이 함께 계실 것이니 두려워하지 마시라 말씀드렸다. 수술을 마치고 나오신 아버지는 회복실에서 비몽사몽 간에 유나의 이름을 수없이 부르셨다고 한다. 평소에 과묵하기로 유명하신 아버지가 말이다.

수술 후 깨어나신 아버지는 다시 태어난 심정으로 여생을 살겠다고 하셨다. 35년간 발길을 끊었던 교회에 다시 나가셨고 세례까지 받으셨다. 하늘나라의 새 백성으로 새로운 삶을 사셨다.

아버지의 수술이 잘 끝나고 우리 가족은 광주로 사역지를 옮겨 2년여를 지냈다. 그동안 유나의 뇌 속에 종양이 생겨나 자라고 있었다. 아무도 모르는 사이에 말이다. 의식을 잃고 수술대에 들어가는 유나에게 하나님이 함께 계시니 두려워하지 말라고 말해 주었다. 수술 후 유나는 깨어나지 못하고 이 세상을 떠나 영원한 아버지의 나라로 떠났다.

유나가 떠난 후 의료 기록을 살펴보니 공교롭게도 종양이 생긴 위치가 아버지의 종양 위치와 비슷했다. 유나와 아버지의 종양은 무슨 상관이 있었을까. 아버지를 생각하면 너무도 감사한 일이고, 유나를 생각하면 너무도 가슴 아픈 일이다.

지난해 휴가를 보내면서 윌리엄 폴 영(William P. Young)의 소설 《오두막》을 읽었다. 이 소설은 딸을 잃은 아버지가 오두막이라는 신비의 공간에서 겪은 용서와 치유에 관한 이야기다.

딸이 실종되기 전에 아빠와 나눈 이야기가 있다. 전설에 의하면 북아메리카 콜롬비아 협곡에 한 인디언 추장과 딸이 살고 있었다. 어느 날 전염병이 창궐해 전 부족이 멸족 위기에 처했다. 결국 그의 딸이 폭포에서 자신을 희생함으로 전염병이 멈췄고 부족의 많은 생명을 구했다. 이 이야기를 들은 딸 미시가 아빠 매켄지에게 질문을 했다.

"아빠, 그 아이가 꼭 죽어야 했나요?"

매켄지는 딸에게 이렇게 말했다.

"미시, 그가 죽어야 할 필요는 없었지만 사람들이 너무 아파해서 그 아이가 꼭 고쳐 주고 싶어 했거든."[6]

소설 속 매켄지는 선과 악을 분별할 수 없었으면서도 딸을 빼앗긴 것에 대한 분노로 세상과 하나님을 정죄했다. 주인공은 아들을 내어주신 하나님 아버지의 고통을 이해하고 나서야 심판의 자리에서 비로소 내려왔다. 자신은 모든 것을 알지 못하고, 모든 것을 바로잡을 능력도 없다는 것을 인정해야만 했다.

유나가 희생 제물로 바쳐져 아버지의 병이 나았다고 생각하지는 않는다. 내가 믿는 하나님은 인신 제사를 받는 그런 분이 아니시다. 다만 유나의 죽음으로 인해, 자기 백성을 구하기 위해 대신 죽음의 잔을 마신 하나님의 아들이 우리에게 주고 가신 선물의 의미가 더욱더 크게 다가왔다.

지난봄에 이 소설과 같은 일이 내게 벌어졌다. 이것이 소설에 쓰이는 '복선'이라는 것일까. 어쩌면 이 책은 큰 아픔을 겪을 때를 대비해서 그분이 미리 놓아 주셨던 백신이었을지 모른다. 이 백신 덕분이었을까. 비록 한동안 분노하고 그분을 정죄하기도 했지만, 얼마 지나지 않아 심판의 자리에서 내려올 수 있었다. 나는 다 이해할 수 없고, 모든 것을 다시 선으로 바꿀 능력이 없다는 것을 인정할 수밖에 없었다.

이해할 수 없는 오묘한 일들이 내게 일어났다. 하나님이 다스리시는 나라에서 벌어지는 모든 현상을 내 작은 지혜로 이해할 수 없다. 수학 공식처럼 풀리지 않는 영역으로 가득 차 있다. 심지어 교리나 신학으로도 다 설명할 수 없음을 안다. 이 신비한 삶의 영역으로 들어서게 되었다. 이 놀라움 앞에서 피조물로서의 한계를 인식하게 된다. 내게 허락하신 이 신비를 묵상할 때마다 창조주 하나님에 대한 경외가 생긴다.

지리산 새벽 산행 길

죽음은 강렬한 경험이다. 어느 경험도 이만큼 강렬하지 않다. 유나의 죽음 이후 겪는 삶의 다른 경험은 전부 시시했다. 그 어느 것도 재미가 없었고 흥미를 끌지 못했다. 삶의 의미를 잊어버린 듯했다. 이제 더 이상 새로울 것이 없다 생각했다. 마치 온 세상이 회색빛으로 변한 것 같았다. 영영 이대로 죽음의 안개 속에 갇히게 되는 것일까 두렵기도 했다.

학생들을 인솔해서 지리산에 올랐다. 내가 교장으로 있는 우리 학교 중학생들은 "호연지기 프로젝트"라 해서 재학 중에 호남의 기념비 지리산, 한반도의 최남단 한라산, 최북단 백두산에 올라야 했다. 비록 우리 가정에 큰일이 있었지만 우리 때문에 연초에 계획된 각종 행사를 취소할 수는 없었다. 아내도 함께 근무했기에 아들만 집에 둘 수 없어 아직 초등학생인 아들도 데리고 갔다.

우리는 함양군 백무동에서 출발해 장터목 대피소에서 1박을 한 후 새벽에 천왕봉에 올라 산청군 중산리로 내려오는 1박 2일 코스를 택했다. 애도의 기간을 보내며 몸과 마음이 지쳐 있었으나 학생들을 인솔해야 한다는 책임감에 힘을 냈다. 천방지축인 중학생들을 이끌고 산행을 하는 것은 보통 도전이 아니었지만 다행히 학생들이 넘치는 에너지와 발랄함으로 제법 잘 따라와 주었다. 아내도 오랜만에 나서는 산행이었다. 아들 유진이도 아직 5학년이라서 다소 힘에 부쳐 보였으나 형들을 곧잘 따라왔다.

지리산은 오르면 오를수록 새로운 모습을 드러냈다. 고도가 높아지니 운해가 펼쳐져 바다에서 섬들을 구경하고 있는 듯했다. 한동안 세상이 온통 잿빛으로만 보였다. 더 이상 새로울 것도 없고, 신기할 것도 없는 세상이었다. 그러던 세상이 지리산에 오르자 다시 천연색으로 보였다. 세상에는 여전히 아름다운 것들이 있었다. 잃어버렸던 새로움을 다시 느꼈다.

나는 좌절과 실의에 빠져 매일 절망의 늪을 헤매고 다닐 수 있었다. 딸아이의 죽음을 서로의 탓으로 돌려 비난하며 아내의 가슴에 생채기를 내면서 부부 관계를 파멸로 몰고 갈 수 있었다. 딸의 상실 때문에 남아 있는 아들 유진이를 방치하며 아버지의 역할을 포기해 버릴 수 있었다. 내게 슬픔과 시련을 안겨 준 이 땅 광주를 떠나 어디론가 떠나 버릴 수 있었다. 딸이 있었던 교실을 볼 때마다 찾아오는 쓰라림으로 학생들을 가르치는 일을 영영히 포기할 수도 있었다. 나는 내게 이러한 시련을 허락하신 분을 원망하고 떠날 수 있었다. 내 입으로 나를 지으신 분을 자랑하거나 찬송하지 않고 저주와 욕설을 퍼부을 수도 있었다.

하지만 나는 그렇게 하지 않기로 선택했다. 내게 주어진 다양한 부르심에 계속해서 응답하며 살기로 했다. 나는 딸을 잃은 아빠이지만 여전히 남편이고, 유진이 아빠이고, 교육자이며, 설교자이고, 목회자였다. 여전히 광주에 살면서 학교를 지키며 내게 주어진 길을 뚜벅뚜벅 계속 걸어가기로 했다. 다 이해하거나 수용할 수 없는 것은 그냥 그대로 신비로 남겨 두기로 했다.

정상이 보이지 않지만 눈앞에 보이는 길을 더듬더듬거리며 찾아간 새벽 산행 길. 그 길 끝자락에는 경이롭고 새로운 세상이 기다리고 있었다. 세상은 여전히 아름다웠다.

나는 내게 이러한 시련을 허락하신 분을
원망하고 떠날 수 있었다.
하지만 나는 그렇게 하지 않기로 선택했다.
내게 주어진 길을 뚜벅뚜벅 계속 걸어가기로 했다.
다 이해하거나 수용할 수 없는 것은 그냥 그대로
신비로 남겨 두기로 했다.

아무도 모른다

고독사에 대한 뉴스를 자주 듣는다. 어느 탈북자가, 어느 세
모녀가, 장애를 둔 아들과 함께 노부모가 남모르게 세상을 등
졌다가 몇 달 만에 시체가 되어 발견되었다. 집 앞에 고지서
가 쌓여 가도록 어느 누구 관심을 두는 이가 없었단다. 썩는
냄새가 진동해야 그때서야 관심을 가졌다.

　이처럼 내가 사는 세상은 서로 단절되어 있다. 서로의 벽이
너무도 두꺼워 서로 가까이 가질 못한다. 공동체가 해체되어
개개인만 존재하는 혼자만의 세상이다. 그래서 얼굴만 알지
마음은 모르는 세상이 되어 버렸다.

　유나가 세상에서 사라졌어도 이웃에서는 아무도 몰랐다.
예전에야 곡소리가 들리고, 문상을 하고, 전 부치는 냄새
가 나서 상갓집인지 알 수 있었다. 장례 문화가 장례식장을
중심으로 바뀌었기에, 장례 일정으로 며칠을 비우고 집에 돌
아왔는데도 내 이웃은 아무도 몰라 주었다. 그 사실이 너무

나도 서운했다.

이사를 하는 날에도 우리가 떠나는지 아무도 몰랐다. 집주인은 애초에 유나가 있었는지도 몰랐을 것이다. 이사를 올 때도, 이사를 갈 때도 집주인의 얼굴을 보지 못했다. 옆집에도, 아랫집에도, 윗집에도 우리가 떠난다고 이야기하지 못했다. 세탁소에도, 미용실에도, 집 앞 슈퍼 직원들에게도 우리가 떠난다고 이야기하지 못했다. 그만큼 우리는 이웃과 단절되어 있었다. 우리가 떠난다는 사실을 아무도 모른다는 사실이 속상했다.

이삿짐을 정리하는 분들도 우리 집에 무슨 일이 일어났는지 몰랐다. 아이의 옷장만 있고 아이의 옷이 없는데도 아이가 어디에 있는지 관심이 없었다. "생각보다 짐이 적어서 다행이네" 하고 그들이 무심코 내뱉은 말이 심장을 찔렀다.

고향에 있는 아버지 친구분들이 한 분, 두 분 세상을 떠나셨다. 아버지는 오씨 아저씨의 빈소에서 통곡했다고 하셨다. 그렇게 과묵하신 우리 아버지가 우시다니. 아버지는 불편한 몸을 이끌고 아저씨 집에 마실 가셔서는 당뇨에 좋지도 않은 믹스 커피를 한 사발이나 마시고 오곤 하셨다.

40여 년 이웃으로 지내며 기쁜 일, 슬픈 일, 인생의 짐을 함께 나누셨다. 아저씨네 막내아들은 시트 비닐도 뜯지 않은 아버지의 새 자동차에서 태어났다. 그렇게 서로 잘 알던 사이라서 아버지는 상실감이 크셨을 것이다.

영화 "아무도 모른다"는 도쿄에서 일어난 실화를 바탕으로 만들어진 영화다. 자녀가 넷 있는 홀어머니가 아이를 두고 떠난다. 큰아이가 동생들을 돌보며 1년여를 살아 낸 이야기다. 극중에서 아이들이 먹을 것이 없고, 학교에 가지 못하고, 전기와 수도가 끊어져도 세상에서는 아무도 모른다. 셋째가 넘어져 앓다가 숨을 거두는데도 아무도 모른다. 결국 오빠가 좋아하는 초콜릿과 함께 그 아이를 여행 가방에 넣어 비행기가 보이는 공항 활주로 옆에 묻는다. 그 아이는 그 집 안에 들어올 때처럼 여행 가방에 조용히 숨겨져 사라진다. 그러했는데 아무도 모른다. 지금도 이런 일은 우리 주변에서 벌어지고 있다.

이사를 해서 교회 근처로 왔다. 우리 가족은 담을 넘어 이웃이 될 수 있을까. 우리가 쌓아 놓은 담을 넘어 우리 자신을 공개할 수 있을까. 서로의 아픔과 상처를 알아주고 이야기해 주는 이웃이 될 수 있을까. 부족함을 품어 주며 환대의 대문을 활짝 열어 주는 이웃이 될 수 있을까. 다른 이는 몰랐어도 그들만은 알아주었다는 말을 들을 수 있을까. 유나는 참으로 어려운 숙제를 던져 주고 떠났다.

천사의 집

2년 전 광주로 내려와 이곳이 우리 집이 되었다. 집에 들어서자 유나가 말했다.

"어? 1004호네. 이 집에 천사가 사나 봐."

유나는 정말 이 집에 살았다가 떠난 천사가 되었다. 그 천사는 떠나기 전에 아빠의 휴대폰을 들고 액자, 그림, 장난감, 가구, 식탁 등 집 안 구석구석을 찍고 다녔다. 마치 소중한 것을 기억하려는 듯이 정들었던 모든 물건을 휴대폰 카메라에 담았다. 그동안 가꾸어 왔던 행복의 열매들을 주워 담아 가려는 듯 보였다. 하늘로 날아오르기 전에 지상에 있는 자기 방도 깨끗이 치워 놓고 떠났다.

이 집에서 우리 가족은 참 행복했다. 가족과 떨어져 일가친척 없는 이 땅에서 서로를 의지하며 지냈다. 이 집은 이런저런 일들로 비틀거릴 때 함께 버티며, 행복 비타민을 함께 먹으며, 쉼과 회복을 누리던 곳이다. 이 집은 하나님이 예비해 주신 우리 가족에게 완벽한 거처였다.

이제 천사가 떠난 이 집을 우리도 떠나게 되었다. 집주인은 우리가 정든 집을 다른 이에게 팔았다. 물론 우리 집에서 무슨 일이 벌어졌는지 모르고 있을 것이다. 비어 있는 아이의 침대를 볼 때마다 상실감이 몰려왔다. 허나 유나의 삶의 자취가 남아 있는 장소를 떠나는 것도 고통이긴 마찬가지였다. 추억을 남겨 두고 떠나가자니 아쉬움이 너무 컸다.

집 안 구석구석에 배어 있는 추억의 향기들이 스멀스멀 피어올랐다. 화장실이 두 개라고 폴짝폴짝 뛰며 좋아하던 아이들의 모습, 숨바꼭질을 한다며 장롱 속에, 커튼 뒤에 숨어 있던 모습, 올림픽 때 엄마와 같은 이름인 "영미 헐~"을 부르며 대걸레로 컬링을 흉내 내던 모습, 베란다에 욕조를 가지고 와서 수영장 삼아 놀던 모습, 식탁에서 즐거워하던 아이들의 모습, 크리스마스트리 장식 때문에 환하게 빛나던 아이들의 눈빛, 벽을 뚫고 들려오는 유나의 허스키하며 호탕한 웃음소리, 창문을 열면 사방에서 불어오는 시원한 바람, 이불을 뒤집어 쓰고 손전등을 비추며 책을 읽어 주었던 소리, 저 가까이 흐르는 영산강 줄기와 푸른 나무들의 풍경….

어느 날 밤에 갑자기 불어 닥친 재난에 소중한 천사를 잃었어도, 이곳은 여전히 하나님이 우리에게 베푸신 은혜의 장소이며 사랑의 선물이었다. 잠시나마 우리에게 천사를 보내 주시고 행복을 선물해 주신 분께 감사드렸다. 하늘과 땅의 통로였던 야곱의 돌베개처럼 우리도 이곳에서 하늘로 올라가는 천사를 보았고, 위로부터 부어지는 위로와 약속의 말씀을 받았다. 천사가 떠나고 남은 우리 셋은 제단을 쌓은 야곱처럼 이곳에서 마지막 가정 예배를 드렸다.

"너희는 마음에 근심하지 말라 하나님을 믿으니 또 나를 믿으라 내 아버지 집에 거할 곳이 많도다 그렇지 않으면 너희에게 일렀으리라 내가 너희를 위하여 거처를 예비하러 가노니 가서 너희를 위하여 거처를 예비하면 내가 다시 와서 너희를 내게로 영접하여 나 있는 곳에 너희도 있게 하리라"(요 14:1-3).

부활절 새벽에 주신 말씀이다. 주님이 이미 우리가 머무를 영원한 집을 예비해 두셨다. 이제는 아버지의 집에 거할 곳이 많다. 유나는 이 땅의 아빠의 집을 떠나 더 좋은 하늘 아버지의 집으로 갔다. 이제는 그 집에서 아빠, 엄마, 오빠를 기다리고 있을 것이다. 다시 만날 소망으로 정든 집을 떠날 용기를 얻었다.

유나는 하나님이 우리 집에 보내 주신 천사였다. 7년 6개월은 천사와 함께한 아름다운 시간이었다. 이 천사로부터 우리는 많은 사랑을 받았다. 위안을 얻었고, 힘을 얻었고, 행복했다. 이제는 하늘의 집이 더욱더 기다려지는 소망까지 얻게 되었다. 이 집은 천사의 집이었다. 비록 이 집은 천사가 떠난 집이 되어 버렸지만 우리는 감사하다. 더 좋은 천사의 집이 우리를 기다리고 있으니까 말이다. 이제는 떠날 수 있을 듯했다.

저 흘러가는 영산강 줄기처럼 또 흘러갈 수 있겠다. 평생 슬픔에 머물지 않겠다. 우리에게 주어진 나그네 길을 뚜벅뚜벅 걸어갈 수 있겠다.

유나는 하나님이 우리 집에 보내 주신 천사였다.
7년 6개월은 천사와 함께한 아름다운 시간이었다.
비록 이 집은 천사가 떠난 집이 되어 버렸지만 우리는 감사하다.
더 좋은 천사의 집이 우리를 기다리고 있으니까 말이다.

1년을 10년처럼 산 인생

미국에 계신 써니 송 교수님이 한국에 강의차 오셨다가 우리를 위로하기 위해 광주까지 내려오셨다. 교수님은 심리학 박사로 탈봇 신학대학원에서 영적 성장과 목회 상담을 가르치셨다. 암 투병 후 회복하시어 강의뿐 아니라 마라톤 등으로 새로운 도전을 이어 가고 계셨다.

우리 부부는 유학 생활 동안 학업과 가정생활을 이어 가며 힘든 시기를 보낼 때면 교수님 댁에 가서 밥을 얻어먹고 힘을 얻었다. 교수님은 아들 유진이의 성장도 오랫동안 지켜보셨다. 졸업식 때 엄마 등에 매달려 있는 유나를 기억하고 계셨다. 교수님은 애써 태연한 척하는 우리를 힘껏 안아 주셨다.

그간 있었던 일들을 말씀드렸다. 미국과 한국에서 아내와 함께 공부하면서, 일하면서 두 아이를 키운 이야기, 유나가 한국에 와서 성장한 이야기, 광주에서 지낸 이야기, 그러다가 유나가 훌쩍 떠나 버린 이야기를 말씀드렸다.

교수님은 아무 말 않고 들어 주셨다. 딸아이가 너무 짧은 삶을 살다가 떠난 것이 애석하다고 말씀드렸다. 한참을 듣고 계시다가 이 말씀을 해 주셨다.

 "유나가 이 세상을 살다 간 물리적인 시간은 중요하지 않을 수도 있어요. 유나가 주어진 삶을 얼마나 충실하게 살았는지가 더 중요하겠지요. 유나의 삶을 들어 보니 유나는 짧지만 매 순간을 최대로 살아 낸 것 같아요. 유나는 삶을 극대화하며 살았다고 생각해요. 1년을 10년처럼 말이에요. 비록 7년 6개월을 살았지만 76년을 산 인생보다 더 훌륭한 삶을 살았다 느껴지네요."

 마음에 큰 울림을 주었다. 그간 너무나도 짧았던 유나의 삶이 불쌍하고 애석하게만 느껴졌다. 죽음이 유나의 삶 전체를 부정하게 만들었다. 짧았던 삶의 기간에만 마음을 두고 있었지, 유나가 어떤 삶을 살았는지에 대해서는 생각해 보지를 못했다. 이런 관점으로 유나의 생애를 되돌아보았다. 분명 오래 사는 것보다 중요한 것은 얼마나 충만한 삶을 살았는가다.

 유나는 정말 자신의 삶을 매 순간 극대화하며 살았다. 10년의 에너지를 1년에 쏟아부은 듯이 살았다. 세상에 태어났을 때도 목소리가 커서 병원에 있는 다른 아이들이 못 자도록 만들 정도로 에너지가 넘쳤다. 분명 삶의 매 순간을 충만하게 살아 냈다. 늘 웃으며 사소한 일에도 즐거워했다. 웃음소리가 얼마나 걸걸하고 시원시원한지 듣는 사람 모두에게 사이다가 되었다.

유나는 모든 먹는 것을 즐거워했다. 모든 음식을 정성을 다해 맛보았으며 항상 '먹방 유튜버'처럼 식사를 했다. 어려운 일은 "할 수 있다" 하며 도전했다. 금세 넘어질 것 같았지만 끝내는 두발자전거를 혼자 타고 첨단의 영산강 산책길을 완주했다. 유나가 생을 마감하기 일주일 전 주말 저녁이었다.

"또 기억해야 할 것은 유나는 자신이 사랑받는 존재였음을 알았다는 거예요. 자신이 살아 있는 동안 사랑받는 존재였다는 것을 알고 죽는 것과 그렇지 않은 것은 엄청난 차이가 있지요."

한동안 아비로서 유나에게 해 주지 못했던 것만 기억났다. 후회스럽고 아쉬웠다. 그런 나에게 아내는 "당신은 좋은 아빠였어요"라고 말해 주었다. 삶의 마지막에도 "사랑한다" 말해 주었다고, 살아 있는 동안 사랑받는 존재로 느끼게 해 주었다고… 그 말에 용기를 얻었다.

조심스럽게, 유나는 살아 있는 동안 사랑받는 존재로 살았을 것이라 생각해 보았다. 매 순간을 극대화하는 충만한 삶을 살았을 것이라 스스로를 위로했다. 비록 지금은 부모로서 다 못해 준 사랑이 못내 아쉽지만, 자신이 이 세상에서 충분히 사랑받는 존재였음을 기억해 주기를 바랐다.

'내 자랑스러운 딸, 7년 6개월이 아닌 76년을 살았구나. 1년을 10년처럼 살아 냈구나. 매 순간을 소중히 여기며 열심히 살았던 내 딸, 사랑하고 사랑받고 살았던 내 딸, 그렇게 지나간 삶을 살았고 천국에서 살아갈 내 딸, 충만하고 풍성한 삶을 살았던 내 딸. 이제는 오히려 아빠가 그러한 삶을 살았던 너를 부러워해야 할까 보다.'

근무하는 학교의 선생님 한 분이 둘째를 출산하셔서 아내와 함께 병원에 심방을 갔다. 꼬물거리는 새 생명들을 보고 있노라니 여러 생각이 났다. 유리벽 복도 너머에 같은 날 태어난 서너 명의 아이들이 함께 있었다. 같은 날 이 세상에 왔지만 떠나는 날은 각자 다르다. 이 아이들이 태어나서 이 세상을 떠날 때까지의 거리는 아무도 모른다. 얼마나 긴 인생을 살게 될지, 얼마나 짧은 인생을 살게 될지 아무도 모를 것이다. 현재는 이 아이들 모두가 부모들에게 큰 기쁨일 테지만, 다가올 어떤 날에 이 중 어떤 아기는 우리 부부에게처럼 큰 아픔을 전해 줄지도 모른다.

나는 여전히 상실한 마음에 상처가 컸지만, 아이들의 얼굴을 살피며 두 손 들어 새 생명들이 오래오래 살아가기를 축복했다.

'얘들아, 인생을 얼마나 오래 살았는가는 그리 중요하지 않단다. 오히려 짧더라도 그 기간을 얼마나 충실하고 풍성하게 살았는가가 더 중요하단다. 매 순간 사랑받으며 사랑하며 살아가거라.'

'얘들아,
인생을 얼마나 오래 살았는가는
그리 중요하지 않단다.
매 순간 사랑받으며 사랑하며 살아가거라.'

울어야 산다

휴양지 사이판은 보석처럼 아름답다. 해변에 가까운 바다는 에메랄드 같다. 섬 전체를 둘러싼 산호가 고운 초록색을 만들어 낸다. 조금 먼 바다는 사파이어와 같다. 그 깊이가 수백 미터에서 수 킬로미터가 되기 때문에 진한 푸른색을 띠고 있다. 바다를 붉게 물들이는 석양은 루비와 같다. 해변은 작은 알갱이로 부서진 산호가 하얀 모래로 변신해 다이아몬드처럼 빛난다. 이곳에 찾아온 저 신혼부부의 마음처럼 사이판은 낭만과 아름다움으로 가득 차 있다.

하지만 사이판의 역사에는 슬픈 이야기가 숨겨져 있다. 태평양 전쟁 말기 강제 징용을 당한 수많은 조선인이 이곳에서 희생되었다. 기록에 의하면, 5천 명이나 되는 조선인들이 사이판과 인근 티니안섬 등에 끌려왔다고 한다. 그들은 가혹한 노동과 착취, 굶주림과 질병, 총알받이로 죽어 갔다. 그러다 결국 만세절벽과 자살절벽에서 죽음을 강요당했다. 총

성이 멈추었을 때는 이미 3만여 명의 군인들과 2만여 명의 민간인들의 피로 섬 전체가 붉게 물들어 있었다. 바다에는 400여 대의 항공기와 3척의 항공 모함, 50여 척이 넘는 군함이 수장되었다.

파도 소리에 들려오는 강제 징용을 당한 사람들의 탄식 소리를 들어 본다. 그리움에 사무칠 때는 저 푸른 바다를 하염없이 바라보았겠지. 고향으로 가는 길을 막고 있던 푸른 바다가 야속하게 느껴졌을 것이다. 그리움과 억울함을 안고 피범벅이 되어 죽어 가는 주검들에게 미안해하며 저 거친 파도도 잠잠했을 것 같다. 나는 아름답고 푸른 바다에 감탄하면서도, 동시에 견디기 어려운 슬픔을 느꼈다. 사이판은 내 인생처럼 슬픔과 아름다움이 공존하는 곳이다.

한동안은 내가 미친 사람처럼 느껴졌다. 울다가 웃었기 때문이다. 아름다운 경치에 미소 짓다가도 내 딸이 이 광경을 볼 수 없다는 생각에 미안해서 울었다. 즐겁고 신 나는 일이 있을 때 아이처럼 정신없이 놀다가도 내 딸과 함께 있지 못해서 울었다. 맛있는 음식에 감탄하다가도 '네가 있으면 더 좋겠다' 싶어 울었다. 보고 싶어 잠 못 이루는 밤도 있었다. 이제는 폭포수처럼 쏟아지는 눈물은 흐르지 않는다. 하지만 가슴 속에서 진하고 뜨거운 엑기스가 '훅' 하고 올라올 때가 있다.

"울어야 산다."

살기 위해 내가 지어 낸 구호다. 장교로 임관 후 초군반 훈
련을 받던 상무대에는 각종 병과 학교가 있었다. 이 학교들
은 초급 장교들이 임무를 수행하는 데 필요한 지식과 기술을
수련하는 곳이다. 각 병과 학교는 자신의 임무를 반영한 고
유한 학교 구호를 가지고 있다. 내가 훈련받던 육군 보병 학
교의 구호는 "나를 따르라"였다. 옆에 있던 포병 학교의 구
호는 "알아야 한다", 화생방전을 담당하는 화생방 학교의 구
호는 "알아야 산다"였다. 그 구호들은 저마다 자신만의 전투
를 치르는 데 필요한 일종의 정신 무장과 같은 역할을 했다.

상실을 경험하고 나면 마음속은 전쟁터가 된다. 고요하다
가도 갑자기 포성이 울리는 전투가 벌어진다. 느닷없이 사소
한 일에도 분노를 나타낸다. 다 내 탓이라는 후회와 자책도
한다. 갑작스러운 이별이 도저히 이해가 안 되어 답답해서 미
칠 것 같기도 하다. 우울감에 끝없는 심연으로 빨려들어 갈
때도 있다. 이런 전쟁터 같은 상황에서 내가 미치지 않고 살
아가는 유일한 방법은 우는 것이다.

세상에 아직도 좋은 것이 너무 많고, 아름다운 것이 많이
있다. 이를 함께 보고 느끼고 누리지 못하는 것이 얼마나 안
타까운 일인지 모르겠다. 이 슬픔을, 이 괴로움을 견디지 못

하니 차라리 울어 버려야 한다.

사랑하는 사람을 잃은 후에 흘리는 모든 눈물 속에는 그 사람이 들어 있습니다. 떠난 사람은 항상 눈물과 함께 사랑하는 사람을 찾아옵니다. 그래서 눈물을 막으면 목숨처럼 사랑하는 그 사람은 내가 걸어 잠근 문 앞에서 들어오지 못하고 서성이게 됩니다. 그 사람을 다시 만날 수 있어야 내 슬픔을 통제할 수 있습니다.[7]

정신건강의학과 전문의인 정혜신 박사는 세월호 유가족 등 갑작스럽게 사랑하는 사람을 잃은 유가족들을 많이 만나 왔다. 그녀는 이들의 치료 경험을 통해서 사람이 충분히 슬퍼하지 못하면 그 슬픔을 절대 극복할 수 없음을 확인했다. 사람들이 위로랍시고 유가족들에게 이제 그만 울라고 말하지만 이것은 잘못된 조언이라는 것이다. 슬픔 때문에 울다가 집안이 망하는 경우는 없다고 한다. 오히려 제대로 울지 못해서 집안이 무너진 경우가 많다는 것이다. 벼락같은 이별을 한 후에 목 놓아 울지 못하면 나머지 생을 제대로 살 수 없다는 것이다. 슬픔을 슬퍼할 수 있도록 돕는 일이 사람을 살리는 일인 것이다.

나의 눈물 속에 유나가 들어 있다. 울음과 함께 유나가 내게로 찾아온다. 울음 속에서 유나가 나에게 안기는 것만 같다. 이렇게 속삭이는 듯싶다. "아빠, 그만 울어. 아빠가 울면 내가 슬프잖아"라고 말이다. 남들이 아무리 그만 울라고 한다 한들 눈물이 멈출 리 없다. 하지만 이렇게 울음 속에서 딸아이를 만나고 나면 이 미친 세상을 버텨 갈 새 힘을 얻는 것 같다. 오늘도 나는 내 상실의 전쟁터를 향하여 "울어야 산다!"를 외치며 힘차게 한 발, 한 발을 내뻗는다.

한 말씀만 하소서

한동안 나처럼 자녀를 잃은 부모들이 쓴 책을 읽는 것을 위안으로 삼았다. 그들이 함께 울어 주는 것 같았다. 그들이 내 마음을 대신 표현해 주었다. 어두운 길을 함께 걷는 말동무가 되어 주었다. 그러한 부모들 중 한 분이 소설가 박완서 선생이었다. 그녀는 외아들을 잃은 고통과 슬픔을 일기에 기록했다. 처음엔 그녀도 하나님에 대한 부정과 서운함을 표현하며 독한 말을 퍼부었다.

하느님도 너무하십니다. 그 아이는 이 세상에 태어난 지 25년 5개월밖에 안 됐습니다. 병 한 번 치른 적이 없고, 청동기처럼 단단한 다리와 매달리고 싶은 든든한 어깨와 눈썹과 우뚝한 코와 익살부리는 입을 가진 준수한 청년입니다. 걔는 또 앞으로 할 일이 많은 젊은 의사였습니다. 그 아이를 데려가시다니요. 하느님, 당신도 실수를 하는군요. 그럼 하느님도 아니지요.[8]

이렇게 심한 말로 표현한 이유는 제발 무슨 말씀 좀 해 달라는 강청에 가까운 것이었다. 하지만 이러한 모욕적인 언사에도 그분으로부터 한 말씀도 들을 수가 없었다. 대신에 침묵으로 대답하시는 그분과 만나게 되었다. 십자가를 향해 조롱하고 원망하며 침 뱉는 사람들의 모습과 그 모든 모욕에도 묵묵부답이신 예수님의 모습 속에서 말이다. 마치 예수님이 "오냐, 실컷 욕하고 원망하고 죽이고 또 죽이려무나. 네가 그럴 수 있으라고 나 여기 있지 않느냐"라고 대답하시는 것 같았다고 했다. '내가 내뱉는 독설도 예수님이 다 듣고 계시는구나' 하는 생각에 위로가 되었다.

또한 위로가 되는 대목은 '밥상이 되어 찾아오신 예수님'이었다. 박완서 선생도 자식 먼저 보내 놓고 먹고 살겠다고 밥상 앞에 앉는 것이 죄책감이 들었다고 했다. 그러다가 어느 날 밥상에서 예수님이 마치 이렇게 말씀하시는 것 같았다고 했다.

"우선 먹고 살아라."

우리를 살리기 위해 우리에게 친히 밥이 되신 그분의 명령이었다. 그 말씀에 용기를 얻어 한 술, 한 술 먹다 보니 다시 살 수 있겠다는 생각을 했다고 했다.

처음에는 나도 침묵하고 계시는 그분이 섭섭하기도 했다.

그분은 어떤 위로의 말씀도 하지 않으시고 내게서 뒤로 돌아서 계시는 것만 같았다. 어떻게 이 상황을 해석해야 되는지 알지 못해 답답했다. 그분께 나쁜 하나님이시라고 욕하기도 했다.

시간이 흐르고 감정의 격한 순간이 잠잠해지자 어렴풋이 그분의 숨결을 느낄 수가 있었다. 그분이 보이지는 않아도, 느낄 수는 있을 것 같았다. 그분은 한 권의 책이 되어 나타나셨고, 사람들과의 대화 속에서 나타나셨으며, 때로는 밥이 되어 내게 보이셨다. 어떤 때는 그분이 내 눈물 속에 들어와 함께 흐르고 계신다는 것을 느꼈다. 그분의 다스리심은 끝나지 않았던 것이다. 그분의 인자하심이 내 생명보다 낫기 때문에 나의 삶도 아직 끝나지 않았다는 확신이 들기도 했다.

이제는 고백할 수 있다. 내게 고통이 존재하는 한 나를 향한 하나님의 일하심은 멈추지 않을 것이라는 확신 말이다.

꿈에

유나는 우리를 소환한다. 갑자기 과거 행복했던 어느 한 때로 말이다. 아이가 좋아했던 음식을 보고 있노라면 싱글벙글 좋아하던 딸아이의 모습이 생각난다. 길거리에서 엄마 손을 잡고 재롱을 부리는 여자아이의 모습을 볼 때도 그렇다. 놀이터나 함께 걸었던 공간을 지나칠 때도 딸아이를 다시 만나게 된다. 문득 비어 있는 아이의 옷장을 열 때나 사진들을 볼 때도 잠시나마 시간 여행을 한다. 대신 미래로는 갈 수가 없다. 우리가 모르는 전혀 새로운 공간으로도 갈 수가 없다. 늘 함께했던 그 공간으로, 예전 모습 그대로만 다시 만날 수 있다.

유나는 그리워하는 사람들에게 나타나기도 한다. 한동안 꿈에 유나를 보았다는 분들이 많았다. 유나가 예쁜 드레스를 입고 예수님과 놀고 있거나, 반갑게 인사를 한 뒤 그만 가 봐야 한다며 달려갔다거나, 혹은 기도 중에 "유나는 나와 함께 있다"는 음성을 들었다는 분도 계셨다.

유나는 내 어머니 꿈에 나타나기도 했다. 노래자랑대회에서 우승을 했다며 신 나서 할머니에게 달려들었다고 하셨다. 상금을 200만 원이나 탔다고 자랑도 하더란다. 어머니는 기뻐서 유나를 꼭 껴안았다고 하셨다. 그런데 부드러운 유나의 살결이 너무나도 단단해진 것에 깜짝 놀라서 눈을 떴다고 하셨다. 알고 보니 어머니 혼자서 팔을 서로 포개어 꽉 안고 있었다고 하셨다. 어머니도 유나가 너무나도 보고 싶고 꼭 안고 싶으셨나 보다.

당연히 유나는 자기 엄마에게 나타난다. 특별히 너무나도 힘들 때는 효도하듯이 유나가 아내 꿈에 나타나 준다. 어느 날 새벽에는 유나가 아내를 불러냈다고 한다. 세찬 물결이 흐르던 요세미티 계곡으로. 그때 유나는 아무 말 없이 다만 활짝 미소를 지어 보였다고 한다. 엄마의 손을 살포시 잡았다고 한다. 잘 있다고 말하는 것 같았다고 한다. 나는 가족들을 바라보며 좋아했고 아들 유진이는 신 나게 물놀이를 하더란다. 시원한 음료수를 함께 마시며 아내는 꿈에 나와 줘서 고맙다고 유나에게 말했다 한다.

내가 학생들을 데리고 필리핀에 있을 때 아내는 또 한 번 생생한 꿈을 꾸었다. 부모님들에게 보내는 영상 편지를 촬영하며 천국에 있는 내 딸에게서도 영상 편지가 오면 좋겠다고 생각한 채 잠이 들었다. 한밤중에 문자가 와서 살펴보니 아내였다. 꿈에 유나가 나타났다고 문자를 보내왔다. 큰 축제에서 우리는 며칠 동안 놀았다 한다. 유나와 유진이는 친구들과 맑은 호수에서 신 나게 물놀이를 했고, 푸른 하늘에서는 비행기 묘기도 펼쳤다고 한다. 그 비행기는 착륙하면서 오토바이로 변해 우리 부부를 태워 다시 신 나게 경주를 했다고 한다.

"유나가 물놀이를 다 한 후에 내가 수건으로 감싸 주고 안아 주었어. 그 포동하고도 따뜻한 등이 만져지더라. 그 느낌이 아직도 생생해. 유나가 뜬금없이 해맑은 미소를 지으면서 나를 바라보며 '엄마, 울지 마'라고 하더라고. 난 그때 울지도 않았고 행복한 시간을 보내고 있었는데 말이야. 유나가 말한 후에 바로 꿈이라는 것을 알게 되었어. 그리고 일어났어. 더 보고 싶어 누워서 기다리는데 아침이 밝아 오더라."

문자가 오는 소리에 잠을 깨서 밖으로 나왔다. 그날 밤 숙소 동쪽 하늘 위로 나란히 있었던 세 개의 별을 잊을 수가 없다. 꿈에 나타난 유나에게 보내는 우리 가족의 답장처럼 보였다. 서로 마음을 주고받은 것 같아 감사했다. 참으로 아름다운 밤이었다.

내 꿈에도 유나가 나타나기는 하지만 주로 개꿈이었다. 한번은 유나를 차에 태우고 높은 곳으로 가는데 기어 박스가 부

한밤중에 문자가 와서 살펴보니 아내였다.
꿈에 유나가 나타났다고 문자를 보내왔다.
"유나가 뜬금없이 해맑은 미소를 지으면서 나를 바라보며
'엄마, 울지 마'라고 하더라고."

러져 계속 미끄러졌다. 또 한 번은 친구들 속에서 유나를 만났는데 유나의 눈동자가 풀려 있었다. 유나가 떠나던 날 아침에 보았던 그 눈동자였다.

하지만 위로가 되는 꿈을 꾼 적도 있다. 꿈속에서 유나와 똑같이 생긴 딸을 만난 것이다. 자기는 유나는 아니지만 분명히 내 딸이라고 했다. 이 아이를 살포시 안아 주었는데 유나처럼 포동하고 따뜻한 느낌이 전해졌다. 유진이와 유나 사이에 아이 한 명을 유산했었다. 아내가 임신을 한 채로 여름 성경학교를 인도했는데 아이가 유산되고 말았다. 아내는 이 아이가 분명 딸이라는 확신이 든다고 했다. 이 아이가 천국에서 유나를 반겨 주었다는 생각이 들자 감사했다. 둘이 외롭지 않게 서로를 잘 돌보며 사이좋게 지낼 것이라는 상상이 마음에 위안을 주었다.

아직 꿈에서 행복해 보이는 유나의 모습을 본 적이 없어 아쉽다. 만약 유나를 꿈에서 보게 된다면 이런 꿈을 상상해 본다. 유나는 "말씀 따라 떠나요"라는 파이디온 어린이 CCM 찬양을 좋아했다. 이 찬양 가사처럼 내 꿈속에서 유나는 갈릴리 바닷가를 걷고 있을 것만 같다. 오병이어 기적에서 남은 빵을 담은 바구니를 들고 예수님을 따라다니는 소녀의 모습으로 말이다. 신기한 표정으로 말이다.

가버나움 마을로 떠나요 갈릴리 바닷가로 떠나요 / 예수님이
행하신 놀라운 일 그 놀라운 일 가득해요 / 폭풍우를 잠재우
고 5천 명을 먹이시고 / 병든 자를 고치시고 사탄 권세 누르
시고 / 말씀 따라 여행을 떠나요 예수님을 만나러 가요 / 예
수님이 행하신 놀라운 일 그 놀라운 일 가득해요.[9]

이러한 놀라운 꿈을 언젠가 꾸고 싶다. 아니면 천국에서 직
접 보게 될 것이다.

"우리가 이 보배를 질그릇에 가졌으니 이는 심히 큰 능력은 하나님께 있고 우리에게 있지 아니함을 알게 하려 함이라 우리가 사방으로 욱여쌈을 당하여도 싸이지 아니하며 답답한 일을 당하여도 낙심하지 아니하며 박해를 받아도 버린 바 되지 아니하며 거꾸러뜨림을 당하여도 망하지 아니하고 우리가 항상 예수의 죽음을 몸에 짊어짐은 예수의 생명이 또한 우리 몸에 나타나게 하려 함이라 우리 살아 있는 자가 항상 예수를 위하여 죽음에 넘겨짐은 예수의 생명이 또한 우리 죽을 육체에 나타나게 하려 함이라"(고후 4:7-11).

예수님의 죽음으로 인해 우리는 생명을 얻게 되었습니다. 그리스도의 죽음과 부활을 통해 예수님이 이미 승리하셨습니다. 어린양이 죽음을 이기셨습니다. 이제 곧 죄와 사망을 완전하게 제거하실 것입니다. 보배와 같은 큰 능력이 주님께 속했습니다. 이런 큰 능력과 승리가 있기에 우리에게 부활의 소망이 생겼습니다.

죽음의 그림자가 남겨 놓은 상실의 슬픔이 우리를 흔들어 댑니다. 슬픔의 바다에서 질식할 것 같습니다. 그러나 우리에게 부활의 승리가 남아 있습니다. 우리가 어떠한 상황과 환경에 처해 있더라도 상관이 없습니다. 승리의 조건은 우리에게 있는 것이 아니라 주님의 십자가에 있기 때문입니다. 우리가 날마다 예수님의 십자가를 의지할 때 그분의 보혈이 우리의 영혼에 흐르게 될 것입니다. 그분의 생명이 우리의 몸과 마음 가운데 충만하게 흐르게 될 것입니다. 우리는 복음과 부활의 소망을 잃지 않을 것입니다. 우리

는 앞으로도 견실하며 흔들리지 않고 항상 주의 일에 힘쓰는 자로 살아갈
수 있습니다(고전 15:58).

"사랑하는 자야, 네가 사방으로 욱여쌈을 당해 슬픔에 포위당했구나. 네
가 답답한 일을 당해 낙심해 있구나. 네 영혼이 사망의 화살에 상처를 입
었구나! 네가 넘어졌구나! 사랑하는 자야, 너는 버린 바 되지 않았고, 네
인생은 끝나지 않았단다. 너는 이 상실의 계절에 죄와 사망을 정복한 나의
승리의 잔을 마셔라. 부활의 샘에서 건져 내 온 나의 생명을 받아 마셔라.
네 죽을 몸에 새로운 생명이 다시 살게 될 것이다. 귀를 기울여 보아라. 새
로운 심장의 박동 소리가 들리게 될 것이다."

아버지,

순례의 고갯길을 힘겹게 넘어가고 있습니다.

헐떡거리며 숨이 차오릅니다.

거꾸러져 넘어질 듯합니다.

아버지,

목이 마릅니다.

이 겨울을 견디기가 어렵습니다.

영혼이 답답합니다.

허무합니다.

인생이 이대로 끝나 버릴 것 같습니다.

그러나 아버지,

내 영혼에 겨울을 허락해 주셔서 감사합니다.

죽음의 혹독한 경험을 통해

생명의 소중함을 되찾게 하심을 감사합니다.

새로운 하나님을 만나게 하시니 감사합니다.

아버지,

이 시간 생명의 샘으로 달려갑니다.

부활의 생명수로 내 영혼을 만족하게 하옵소서.

살아가는 동안 예수님의 죽음과 부활의 소망을

품고 살게 하옵소서.

항상 예수님의 생명이 내 삶에 나타나게 하옵소서.

늘 죽음과 같은 상황을 만나지만

예수님의 생명으로 넉넉하게 이기게 하옵소서.

부활의 소망 가운데 견고하며 흔들리지 않게 하옵소서.

다시 주의 일에 힘쓰는 자로 살게 하옵소서.

새 생명으로 다시 살게 하시는

주 예수 그리스도의 이름으로 간절히 기도합니다.

아멘.

4부

소생의 계절을 지나며

이제는

놓아 주다

너의 생일에 쓴 편지

사랑하는 유나에게, 아빠가 무슨 말을 하겠니. 네가 없는데 너의 생일을 축하하는 것은 무척 슬픈 일이란다. 하지만 아빠는 어떻게든 네가 이 세상에 왔다가 남겨 주고 간 선물들에 감사하고 네 짧은 삶을 경축하고 싶단다.

유나야, 너는 네게 주어진 삶을 참 잘 살았다고 말해 주고 싶구나. 너는 매 순간을 즐길 줄 알았고 긍정적으로 살았던 것을 기억하고 싶다. 항상 정직했고 즐거움이 넘쳤단다. 너의 너털웃음에 아빠는 행복했고 즐거웠단다. 비록 짧은 생애를 살다가 갔지만 한순간도 낭비하지 않고 충만한 삶을 살았다고 박수를 보내고 싶단다.

아빠, 엄마, 오빠에게 삶의 의미와 즐거움을 느끼게 해 주었고, 좋은 추억을 선물로 남겨 주어서 고마워. 유나 너의 삶 자체가 우리에게 큰 선물이야. 천국의 행복을 잠시라도 꿈꿔 보게 해 주어서 고맙구나. 또 네가 떠난 후 천국에 대한 소망을 더욱더 바라보게 된 것도 선물이라 생각된다.

네가 떠날 때 경험한 아픈 기억들과 고통은 아빠, 엄마의 가슴에 큰 구멍을 만들었단다. 우리는 지금도 힘들어하고 있단다. 하지만 그 고통으로 인해 새로운 하나님을 경험하고 그 고통의 구멍을 통해서 다른 이들의 고통을 볼 수 있게 되었으니 이 또한 네가 남겨 준 선물이 아니고 무엇이겠니.

가끔씩 '내가 왜 사나' 하는 생각이 든단다. 요즘은 살아 있음이 죽음보다 나은 이유를 묻곤 한단다. 하지만 아빠는 아직 모른단다. 이해할 수 없는 일이, 감당할 수 있는 일이 아니기에 아빠는 잠잠하기로 했단다. 다만, 이렇게 네가 남기고 간 선물들과 숙제들이 무엇인지 곰곰이 생각해 보고 있단다.

오늘은 네가 더욱더 보고 싶구나. 생일 케이크의 촛불을 잘 못 끄던 네 모습이 자꾸 떠오르는구나. 네가 보이지 않지만, 네가 늘 우리 곁에 머물고 있다는 생각에 마음이 조금 놓이는구나. 우리 가족 모두 이 슬픈 기간을 잘 보낼 수 있도록 응원해 주겠니? 우리 가족 꼭 다시 만나자. 그때까지 우리 잘 기다리자. 이따가 네가 좋아하는 케이크 사 가지고 갈게.

생일 축하해. 김유나, 사랑한다.

7년 6개월의 행복

유나는 이미 우리 곁을 떠났어도 우리 부부는 여전히 유나의
부모다. 유나의 짧은 생애가 우리에게 남기고 간 선물이 무
엇인지 밝혀 내고 기억해 주는 것은 남아 있는 부모의 특권일
것이다. 아내는 유나와 함께한 7년 6개월간의 행복한 추억이
유나가 우리에게 남겨 준 선물이라고 했다.

유나는 유산을 한 번 경험하고 얻은 새 생명이기에 더더욱
소중했다. 도중에 잘못되지 않고 제발 건강하게 태어나 주기
를 기도했다. "어쩌면 또다시 유산되었을지도 모를 생명을
하나님이 7년 6개월이나 연장시켜 주셨나 보다"라고 아내와
이야기를 나눴다.

아내는 배가 부른 채 석사 마지막 학기를 마쳤다. 유나는
배 속에서 강의도 듣고 졸업식에도 참석했다. 딸인 걸 알았
을 때 아내는 걱정을 많이 했다. 본인이 여자 형제도 없고 아
기자기한 스타일이 아니라서 그렇다고 했다. 그렇게 아내는

딸 엄마가 되었다.

유나는 태어날 때는 엄청 울어 댔으나 그 뒤로는 잘 울지도 않았다. 잘 웃고 건강한 아이였다. 하지만 엄마가 모유 수유를 끊었을 때는 세상 끝난 듯 통곡하며 울어 댔다. 하지만 곧 이유식도 잘 먹어서 잘 자랐다. 첫 번째 생일에는 걸어 다니면서 자기 돌떡을 돌렸다.

유학을 마치고 한국에 돌아와서는 적응하는 데 힘들었는지, 유나는 잘 울고 짜증을 많이 냈고 혼도 많이 났다. 아내도 일을 해야 해서 한 번은 이모님이 유나를 봐 주셨는데, 유나가 앙칼지게 한 모양이었다. 이모님이 아내 베개를 베고 누우려 하시자 "엄마 베개 건들지 마. 엄마 거야"라고 해서 당황했다고 하셨다. 그렇게 유나는 엄마의 보호자 노릇을 했다. 그 이후로 오랫동안 엄마의 껌 딱지였다. 엄마를 좋아했고 붙어 다니길 좋아했다.

부천에서 이곳저곳 이사 다니며 4년을 살다 광주에 오게 되었다. 처음 오게 된 아파트에 화장실이 두 개라며 너무 좋아했다. 그렇게 아파트 호수가 1004인 천사의 집에서 2년을 더 살았다.

광주에 와서 네 식구가 여기저기 많이도 다녔다. 순창 강천사, 보성 녹차 밭, 순천만, 화순 양 떼 목장, 영암 기찬랜드,

백양사의 단풍, 담양 죽녹원, 고창 기차 마을, 신안 증도 등에 추억을 남겨 두었다. 이제 그곳을 지날 때마다 유나를 떠올리게 될 것이다.

하지만 무엇보다도 추억이 제일 많은 곳은 집이 있던 첨단 강변이다. 우리는 자주 함께 걸었다. 지금도 답답하고 힘이 들면 첨단 강변을 걷는다. 거기서 유나가 두발자전거를 배울 때가 생각난다. 겁이 많았지만 용기를 자주 냈다. "도전! 할 수 있다!"를 외치며 시도한 끝에 스스로 두발자전거 타기를 터득했다. 나는 기뻐서 폴짝폴짝 뛰었다.

아내에게 유나가 늘 했던 말이 있다. "엄마, 사랑해요"라는 말이다. 편지나 카드로도 자주 표현했다. 내게는 늘 유쾌한 웃음을 선사해 주었으며, 오빠인 유진이에게는 늘 소중한 친구였다.

온 가족을 행복하게 해 주었던 김유나. 유나로 인해 우리 가족 모두는 행복한 7년 6개월을 보냈다. 그리고 자신이 그렇게도 좋아했던 엄마의 가슴속에 영원히 묻혀 버렸다.

유나는 이미 우리 곁을 떠났어도
우리 부부는 여전히 유나의 부모다.
아내는 유나와 함께한
7년 6개월간의 행복한 추억이
유나가 우리에게 남겨 준 선물이라고 했다.

떠나기 전 남겨 놓고 가야 할 것들

가끔 딸의 물건을 발견하곤 한다. 가족을 그린 그림, 영어 캠프 수료증, 앙증맞은 머리핀, 쓰다 만 몽당연필, 때 묻은 지우개, 성경책 한편의 낙서, 엄마한테 보낸 쪽지들 등이다. 유품을 정리할 때 용케 살아남은 것들이다. 워낙 소소한 것들이라 유품 정리를 도와주신 분들이 발견하지 못하셨을 것이다. 부피가 큰 물건들은 눈에 잘 띄기에 모두 사라졌다. 다행이다 싶다. 잊혀 가는 딸의 모습을 다시 소환해 볼 수 있기 때문이다.

이렇게 살아남은 것들을 찾을 때 소소한 기쁨이 있다. 보물 찾기에서 보물을 찾은 기분이다. 사실 나는 그 물건들의 존재를 알고 있었다. 알고도 버리지 못했다. 아직 딸의 흔적이 남아 있는 것들을 차마 버리지 못했다. 그래서 알고도 일부러 모르는 척 잘 찾지 못하는 곳에 숨겨 놓았다. 발견되어 사라지지 않도록 말이다.

사랑하는 사람이 떠날 때는 자기의 흔적이 이렇게 오래 남게 될지 생각지 못했을 것이다. 자기를 이렇게 기억해 주리라 기대하지 못했을 것이다. 사람은 떠나도 삶의 흔적은 오래도록 우리에게 남는다.

떠난 이들이 세상에 남기고 간 흔적들을 정리해 주는 유품정리사란 직업이 있다. 이들이 하는 일은 고독사, 자살, 범죄 등으로 준비 없이 떠난 이들의 유품을 정리하는 일이다. 20여년 동안 이 일을 해 온 김새별 씨는 떠난 이들이 남겨 놓은 마지막 인사를 남기는 심정으로 이들의 이야기를《떠난 후에 남겨진 것들》(청림출판, 2020)이라는 책에 담았다.

어느 날 현장에 도착하니 고인의 아버지가 이미 정리를 마쳤다고 한다. 홀로 마지막을 맞이한 딸의 흔적을 아비가 홀로 지웠던 것이다. 딸의 죽음으로 힘들 텐데 자신들에게 맡기시라 했더니 그분이 이렇게 말했다 한다.

"나 때문에 이 세상에 나온 아이인데 마지막도 내가 갈무리해야 하지 않겠소."

자식을 떠나보내는 것도 고통스러운 일인데, 그 자식이 남겨 놓은 흔적을 지우는 것은 얼마나 더 고통스러운 일이었을까. 그 아비는 그 참척한 고통을 이겨 냈을까. 그 아비가 그렇게 할 수 있었던 것은 아마도 딸이 아비에게 남겨 준 사랑의 기억 때문일 것이다. 사랑으로 낳았고, 사랑으로 키워 주었으며, 사랑으로 떠나보낼 수 있었을 것이다.

우리가 살다 간 흔적들은 한동안 남을 것이다. 아무리 지우려 해도 지워지지 않는 것들이 있을 것이다. 그중에서도 오래도록 남겨지는 것은 무엇일까? 김새별 씨는 이렇게 말한다.

정말로 남는 것은 집이 아니고 학벌이 아니고 돈이 아니다. 우리가 사랑했던 기억이다. 사랑하고 사랑받았던 기억은 오래도록 남아 내가 죽은 뒤에도 세상 한 구석을 따뜻하게 덥혀 줄 것이다.[10]

누군가는 집을, 돈을, 사진 한 장을 남겨 둔다. 이 모든 것은 우리를 한동안 살게 할 것이다. 그러나 남겨진 우리가 삶의 방향과 의미를 붙들고 살게 하지는 못할 것이다. 정말로 우리를 살아가게 하는 것은 사랑이다. 떠난 이들이 우리에게 남겨 준 사랑 말이다. 사랑이야말로 남겨진 우리를 다시 달리게 하는 연료가 된다.

지금 먹으러 갑니다

일본 영화 "지금 만나러 갑니다"는 남자들도 눈물 한 바가지를 흘리게 한다. 여주인공 미오는 비 오는 계절에 다시 돌아오겠다는 약속을 남기고 세상을 떠난다. 그런 그녀가 어느 장마가 오는 날 거짓말처럼 남편 타쿠미와 아들 유우지를 찾아온 이야기다. 미오는 장마가 끝나고 헤어질 때가 되자 이런 말을 남겼다.

"나에게 주어진 모든 시간을 사랑했어요. 정말 즐거운 인생이었습니다."

나도 비 오는 날이면 이렇게 유나가 내게 찾아오지 않을까, 부질없는 생각을 하기도 한다.

이 영화의 대사를 패러디해 보면 유나의 인생은 아마도 이렇게 정리해 볼 수도 있겠다 싶다.

"지금 먹으러 갑니다. 내게 주어진 모든 음식을 사랑했습니다. 정말 맛난 인생이었습니다."

유나가 남기고 간 일기장에는 유독 먹는 이야기가 많다. "새벽 기도 끝나고 토스트를 먹었다"거나 "나주에 가서 곰탕을 먹었다"는 식이다. 또 다른 일기에는 "아침에는 팬케이크, 점심에는 짜장, 저녁에는 감자탕을 먹어서 행복하고 좋았다"는 이야기를 써 놓았다. 아이의 일기를 보니 그날 함께 먹고 웃으며 즐거워했던 추억이 되살아나는 듯했다. 남은 우리 셋이 예전처럼 그날들에 다녀온 식당에 가면 그때처럼 즐거울까 하는 쓸쓸한 생각이 들었다.

그렇다. 유나는 먹는 것을 즐거워했다. 모든 종류의 고기는 물론이거니와 해산물도 잘 먹었다. 유진, 유나 둘 다 미국에서 태어났지만, 유진이는 빵과 스파게티를, 유나는 밥과 국, 반찬을 좋아했다. 샐러드를 먹어도 유진이는 생야채만 먹지만, 유나는 각종 소스를 버무려서 먹는 것을 좋아했다.

학교에서 돌아오면 오늘은 뭐 먹느냐고 오늘의 메뉴를 궁금해했다. 매 식사 시간에는 꼭꼭 씹으며 풍미를 즐겼다. 이렇게 잘 먹는 손녀딸을 보시며 어머니는 밥해 줄 맛이 난다고 하셨다. 그렇게 유나는 자신에게 주어진 음식을 사랑했다. 유나는 정말 맛난 인생을 살았다. 그래서 나는 마음으로 빌었다. 천국 주방장이 유나가 좋아했던 음식들을 자주 해 주길. 지난 유나 생일에는 천국에서 만난 친구들과 함께 패밀리 레스토랑보다 더 멋진 곳에서 저녁을 보냈기를 바랐다.

내 휴대폰 사진 보관함에는 유나가 나주 곰탕을 아주 맛있게 먹는 사진이 들어 있다. 그날 유나도, 나도 신 나게 먹방을 찍으며 배부르게 먹었다. 나주 곰탕. 앞으로 살아가는 동안 나주 곰탕처럼 인생의 찬바람에 시달리는 영혼들에게 따뜻한 국물 한 사발 될 수 있기를 소원해 본다. 요즘도 유나 생각에 서글프고 처량해질 때면 따뜻한 국물로 몸과 마음을 든든하게 채워 주는 곰탕 집을 찾는다.

지금 먹으러 갑니다!

나는 마음으로 빌었다.
천국 주방장이 유나가 좋아했던 음식들을 자주 해 주길.
지난 유나 생일에는 천국에서 만난 친구들과 함께
패밀리 레스토랑보다 더 멋진 곳에서
저녁을 보냈기를 바랐다.

아들에게

군산에 있는 근대화박물관에 갔을 때 일이다. 아무 생각 없이 표를 사서 들어갔는데 입구에서 한 명은 어디에 있냐고 물었다. 세상에나, 우리가 예전 생각만 하고 표를 네 장이나 산 것이다. 가족이 몇 명이냐고 묻는 질문에 아내는 셋이라 해야 할지, 넷이라 해야 할지 아직도 망설인다.

우리 가족의 추억에는 항상 넷이 있다. 나와 아내는 항상 '유진이 유나 아빠 엄마'였다. 유진이와 유나는 항상 같이 있었다. 유진이 뒤에는 유나가 있어야 완성이 된다. 유나가 없는 우리 가족은 영원히 미완성이 되어 버린 것이다. 유나가 없어도 우리 부부는 '유진이 아빠 엄마'로 살 수 있다. 그런데 유진이는 이제 더 이상 '유나 오빠'가 될 수 없다. '오빠'라는 정체성이 사라졌다.

유진이도 유나가 보고 싶다고 한다. 유진이는 유나와 함께했던 추억을 그리워하고 있다. 지난 유나의 생일에는 이런 편지를 썼다.

"유나에게. 유나야, 보고 싶구나. 마지막 날에 우리가 함께 책 읽은 거 기억나니? 난 아직도 그날을 생생하게 기억해. 또 내가 너에게 잘해 주지 못해서 미안해. 이젠 더 밝은 삶을 살 거야. 그리고 유나야, 이젠 천국에서 푹 쉬고 천국에서 만나 자. 사랑하는 오빠로부터."

'마지막 날 잘해 주지 못해서 미안해'라는 대목에서 난 무너지고 말았다.

'네가 미안하면 이 아빠는 얼마나 더 미안해야 하니.'

내게는 말이 별로 없었기에 아들의 마음을 이해하지 못했다. 유진이도 미안함과 죄책감에 아파하고 있었다는 것을 말이다.

유나를 보내고 몇 해 동안 유진이는 훌쩍 커 버렸다. 동생을 보내고 상주 노릇 할 때는 어려 보였다. 끝까지 동생 가는 길을 잘 배웅해 준 착한 오빠 역할을 해 주었다. 이제는 늘 보아 왔던 유나 오빠 유진이가 아니다. 어느 날 갑자기 다른 아들이 들어와서 우리 집에 살고 있는 느낌이다. 이제는 발도 엄마 발 사이즈보다 크고, 조금 있으면 내 신발까지 신고 다닐 기세다.

신경 못 써 주는 동안 유진이는 혼자 커 버린 것 같다. 엄마,

아빠 힘들어할까 봐 슬픈 내색을 하지 않았다. 엇나가지도 않은 녀석이다. 하지만 앞으로 슬픔을 억누르며 살까 봐 걱정이 된다. 또 다른 상실을 피해 마음의 문을 닫고 살까 봐 걱정도 된다. 평생 착한 아이 콤플렉스를 가지고 살까 봐 염려된다. 유나 몫까지 해야 한다며 효자 노릇 하려고 할까 봐 걱정이 된다. 아직 남아 있는 인생의 좋은 선물을 거절할까 봐 걱정이 된다.

유진이에게 슬플 때는 마음껏 울라고 말해 주고 싶다. 인생에는 여전히 아름다운 것이 많으니 엄마, 아빠 눈치 보지 말고 너만의 인생을 잘 살라고 말해 주고 싶다. 상실의 경험으로 인해 더 복된 인생이 된다고 말해 주고 싶다. 그리고 지금까지 잘 참았고 잘 컸다고 말해 주고 싶다.

고통과 함께 사는 법

고통을 이기는 방법은 없는 것 같다. 하지만 고통을 감내하고 살아갈 수 있는 방법은 있는 듯하다. 고통과 함께 사는 것이다. 나는 고통과 함께 살기를 배우고 있는 중이다. 경험을 통해서 터득한, 고통을 감내하는 방법을 나누고 싶다.

회피하는 방법이 있었다. 일부러 슬픈 생각을 하지 않는 것은 어느 정도 도움이 된다. 슬픈 생각이 들면 일부러 신경을 꺼 두고 다른 일에 몰두하기도 했다. 예를 들면, 영화를 보거나 독서나 산책을 한다. 너무 고통스러우면 조금 쉬었다 하자며 스스로 "타임 아웃!"을 외쳤다. 슬픈 생각은 잠시 들어가 있으라고 마음을 타이르기도 했다.

다른 이들의 고통을 생각하는 것도 효과가 있었다. 나처럼 자식을 잃어버린 부모들의 이야기에서 위로를 얻었다. 교통사고로 아내와 어린 딸, 어머니를 한꺼번에 잃어버린 작가 제럴드 싯처(Gerald L. Sittser), 어느 날 갑자기 건장한 아들을 잃은 신학자 월터스토프와 소설가 박완서 선생 등 힘겨운 날들을 보내는 동안 그들의 존재가 나를 버티게 했다. 그전에 읽었던 소설 《오두막》도 미리 백신을 맞은 듯한 역할을 했다. 고통을 견디는 항체가 미리 준비되어 있었다는 생각이 들었다.

신학자 스탠리 하우어워스(Stanley Hauerwas)를 통해서는 정답 없이 살아가는 법을 배웠다. 그는 조현병을 앓고 있는 아내와 함께 19년을 버티며 살았다. 그는 신학자이면서도 자신의 고난에 대한 이유를 찾지 못했다. 그럼에도 자신의 삶을 충실히 살아 냈다. 논문을 쓰고, 책을 쓰고, 학생들을 가르치고, 아들을 키워 냈다. 다 알지 못하고 이해하지 못하더라도 삶을 충실히 살 수 있는 것이다.

육체의 고통을 생각하는 것도 도움이 됐다. 엔도 슈사쿠의 소설 《침묵》(홍성사, 2003) 속 박해받는 기리스탄 형제들, 아우슈비츠 수용소 빅터 프랭클의 경험, 산둥 수용소 외국인 포로들의 이야기 등을 읽으며 그들의 고통에 참여했다. 놀랍게도 내 고통이 별것 아니란 생각이 들기도 했다. 나만이 겪는 고통도 아니란 것도 알게 되었다. 그래서 나만이 피해자인 것처럼 피해 의식을 가질 필요가 없었다.

한승태 작가의 《인간의 조건》(시대의창, 2013)이라는 책을 통해서는 엄살부리지 말아야겠다는 생각까지 했다. 통발 어선을 타는 일용직 어부들, 돼지 농장 분뇨 작업장에서의 고된 삶, 편의점과 주유소 직원, 비닐하우스 농장의 노동자, 쪽방의 삶 등을 관찰하면서 오히려 부끄럽기까지 했다. 삶의 막장까지 밀려갔어도 하루하루 버티며 일하는 노동자들 앞에서 내가 얼마나 호사를 누리고 있는지 알게 되었다. 내가 힘든 것은 힘든 축에도 못 끼는 일이었다.

기독교 교리를 읽는 것이 큰 도움이 되었다. 톰 라이트(Thomas Wright)의 《마침내 드러난 하나님 나라》(IVP, 2009)는 신학과 신앙적 위기를 넘기게 해 주었다. 죽음과 부활이 가져다주는 소망이 다시 나를 살게 했다. 그가 예를 든 비유를 통해 미래에 대한 소망이 더욱더 깊어졌다. 유나의 모든 소프트웨어는 새로운 하드웨어가 준비될 때까지 하나님의 하드웨어에 저장되어 있다는 것이다. 하나님이 다시 유나를 창조하실 때가 되면 유나의 모든 소프트웨어는 다시 살아나게될 것이라는 소망 말이다. 팀 켈러(Timothy J. Keller)의 《고통에답하다》(두란노, 2018)를 읽는 숙제도 마쳤다.

내 인생의 풀무 불 속을 걷는 동안 하나님은 더욱 하나님이되시고, 나는 더욱 내가 되었다. 이렇게 나는 새로운 삶을 준비하고 있다. 이전과는 전혀 다른 삶이다. 그리고 새로운 하나님을 경험하고 있다.

:

내 인생의 풀무 불 속을 걷는 동안
하나님은 더욱 하나님이 되시고, 나는 더욱 내가 되었다.
이렇게 나는 새로운 삶을 준비하고 있다.
이전과는 전혀 다른 삶이다.
그리고 새로운 하나님을 경험하고 있다.

고통을 견디는 마음의 근육

유나의 죽음은 일차적으로는 충격이었다. 너무나 갑작스러운 일이어서 어떻게 반응해야 할지 몰랐다. 모든 것이 꿈만 같았다. 당황스러웠다. 하지만 어느 정도는 정신을 차릴 수 있었다. 장례식장에서도, 화장장에서도 정신 줄을 놓지는 않았다. 마음은 찢어지게 아팠지만, 오히려 정신은 말짱해졌다. 그래서 조문객들 앞에서는 덤덤할 수 있었던 것 같다. 이때 기분은 마치 전장에서 부상병들이 모르핀을 맞은 것과 비슷했으리라.

이상한 일이었다. 목회자이기에 깊은 신앙심으로 이겨 냈다고 할 수 있을지 모르겠으나 내 힘으로 버티고 있었던 것은 아니었다. 트라우마 초기 기간에는 이렇게 고통을 유예받는다.

유나가 떠난 후 며칠은 유나가 잠깐 수련회를 떠난 것같이 느껴졌다. 모든 것이 그 자리에 있었다. 단지 유나만 없었다.

그렇기 때문에 유나의 옷과 책, 유품들을 누군가가 정리하는 것에 대해 못마땅하게 생각했다. 그대로 놔두기를 바랐다. 다시 돌아올 것만 같았기 때문일까. 지금도 사라져 버린 유나의 장난감, 책, 아끼던 물건들을 그냥 잃어버린 것 같은 느낌이 든다. 보이지 않는 유나 물건들에 애착이 생겨 버렸다.

분노가 생기기도 했다. 그날의 모든 상황에 대해 분노했다. 나 자신에게도 화를 냈다. 죄책감이 들었기에 그것을 감추기 위해 밖으로 표출해서 비난하고 화를 냈다. 내 잘못 때문에 그런 것이라는 생각에 자책감도 들었다. 좀 더 일찍 상황에 대처하지 못했던 것, 광주에 온 가족을 데리고 내려온 것, 학교 일에 마음을 쓰느라 자식들을 못 돌본 것 같은 미안한 마음이 컸다.

무엇보다도 나의 '신'에 대하여 배신감을 느꼈다. '나한테 어떻게 이러실 수 있는가'라는 생각이 들었다. 그런대로 나의 '신'을 잘 섬기고 있었는데 나를 이렇게 대하시다니, 너무나 서운했다. 이전과는 전혀 다른 '신'의 모습이었다. 지금까지 내가 섬기던 그 하나님이 아니셨다. 나와 너무나 거리가 먼 존재셨다. 전혀 새로운 존재를 만난 것 같았다.

한편 그분은 내게 너무나 가깝게 계시기도 했다. 마치 호흡처럼 존재하셨다. 그래서 때로는 일부러 외면하고 그분을

199

나와 동떨어진 존재로 여기며 차갑게 대하기도 했다. 그러나 부인하면 부인할수록 내게 달라붙으시는 이 새로운 '하나님'을 알아 가기 시작했다. 새벽 날개를 달고 도망을 쳐도 빛 되신 그분이 먼저 그곳에 가 계신 것처럼 말이다.

무력감도 느꼈다. 유나의 죽음을 막기 위해 할 수 있는 일이 아무것도 없었다는 생각이 좌절감을 느끼게 했다. 내 생각, 소원, 의지, 행동은 철저하게 무력했다. 아무 상황도 바꿀 수 없었다. 그렇게 되자 내가 할 수 있는 일이 없다고 생각하게 되었다. 그저 감내하는 것 외에 달리 할 수 있는 일이 없었다.

의욕도 상실했다. '지금 죽으나 몇 년 더 살다가 죽으나 그것이 무슨 차이가 있을까' 하는 생각이었다. 삶의 의미를 잃어버린 것 같았다. 차라리 유나 곁에 빨리 가는 게 낫지 않을까, 많이 생각했다. 삶에 있어서 새로운 것이 없을 것이라 생각했다.

상실의 고통은 말할 필요도 없다. 쓰라리고 슬픈 마음은 지금도 여전하다. 한 번도 고통의 깊이가 줄어들지 않았다. 다만 빈도수는 줄어들었다. 가끔씩 쓰라린 기억들이 불쑥 튀어나와 마음을 헤집어 놓는다. 감정의 쓰레기들이 쓰나미처럼 덮쳤다가 사라지곤 하는 느낌이다. 하지만 그 후에는 고요함이 찾아온다. 마치 아무 일도 없었던 것처럼 말이다.

이렇게 1년을 보냈다. 지금은 이런 감정의 물결들에 어느 정도 적응이 되었다. 마치 해변에서 서핑을 하는 듯하다. 갑자기 감정의 파도가 밀려오면 오르락내리락하며 울었다가 웃었다가를 조금 조종할 수 있고, 조금 참을 수도 있고, 막 울수도 있다. 울음의 기술을 배웠다. '고통을 참을 수 없으니 이런 식으로 즐기고 있나' 하는 생각이 들기도 한다. 마음의 고통을 견디는 근육이 발달했나 보다.

자책

비가 왔다. 비가 오는 아침이면 유나가 떠난 날이 생각나 힘들다. 특히 내 실수와 모자람을 탓하며 자책하는 마음이 심하게 든다.

나는 새벽에 계속 토하는 유나가 감기에 걸렸나 보다 생각하고 잠을 자 버렸다. 개인 병원 소아과 말고 큰 병원 응급실에 데리고 갔어야 했는데 그러질 못했다. 아내가 딸의 상태가 심각한 것 같다고 했는데 이 말을 대수롭게 여기지 않고 그냥 흘려보냈다. 검사가 늦어지는 병원에서도, 수술 대기 시간이 길어졌을 때도 나는 적극적으로 매달리지 않고 그저 수동적으로 상황에 이끌렸다.

내가 좀 더 재빨랐더라면, 내가 좀 더 상황을 빨리 인식했더라면, 내가 병원에 압력을 넣어 빨리 수술을 시켰더라면…. 모자라도 한참 모자랐던 내 행동이 후회가 된다. '왜 좀 더!' 라는 생각이 나를 괴롭힌다. '만약'이라는 생각도 마찬가지다. 만약 내가 광주에 오지 않았더라면 우리 아이가 병에 안 걸렸을지도 모를 텐데, 만약 우리가 수도권에 있었더라면 더 좋은 의료 기회를 얻을 수 있었을 텐데, 만약 그날 학교에 너무 신경 쓰지 않고 내 자녀들에게 더욱 신경을 썼다면 아이를 살릴 수 있었을 텐데. 끊임없이 나 자신을 괴롭히는 자학적인 생각들을 떨쳐 버리기가 쉽지 않다.

자책의 문제는 대부분의 유가족들이 겪는 공통적인 문제인 듯하다. 사실 유가족들은 고인의 죽음에 최소한 어느 정도 책임이 있다는 사실을 인식하고 있다. 고인을 보내고 멀쩡히 살아 있는 자신을 '벌주어야 한다'는 생각이 들어서일까. 자기 비난과 비생산적인 사고를 통해 때로는 자신을 너무 혹독하게 다루기도 한다.

"맨체스터 바이 더 씨"라는 영화를 본 적이 있다. 보스턴에서 건물 관리인으로 살고 있던 주인공 리는 친형이 죽었다는 소식을 듣고 고향인 항구 도시 맨체스터로 돌아온다. 형은 죽기 전 자신의 아들을 입양해 줄 것을 부탁했지만 그는 형의 마지막 부탁을 거절할 수밖에 없다. 그에게는 이곳에서 더 이상 살 수 없는 아픈 과거가 있기 때문이다.

과거에 그는 세 명의 자녀를 두고 아내와 함께 행복하게 살았다. 그날도 형과 친구들을 불러 차고에서 술을 마시며 하루의 고단함을 달랬다. 새벽에 아내가 나와 잔소리를 해 대고 쫓아내자 비로소 고요함이 찾아왔다. 정신을 차린 리는 집 안이 추워진 것을 확인하고 벽난로에 장작을 더 넣었다. 그러곤 맥주 한 잔이 더 먹고 싶다는 생각에 편의점을 찾아 외출을 했다. 집을 나설 때 벽난로 앞에 안전 펜스를 설치하는 것을 잊었다는 생각이 들었다. 집에 돌아온 그는 활활 불타고 있는 자신의 집을 바라보았다. 아내는 혼자 겨우 빠져나와 혼질해 있고, 사랑하는 자녀 셋은 그 집과 함께 사라지는 모습을 멍하니 바라볼 수밖에 없었다.

경찰서에서 조사가 끝나 훈방 조치를 받게 되자 그는 자살 시도를 했다. 자신이 분명 잘못했는데 왜 자신을 벌주지 않느냐고 고래고래 소리를 질렀다. 이때부터 가지고 있었던 죄책감은 그를 지속적으로 괴롭혔다. 그는 아내와 이혼하고 고향을 떠나야만 했다. 그렇게 친했던 형과도 담을 쌓고 살아갔다. 상처 입은 짐승처럼 보스턴으로 이주해 외톨이가 되었고, 상처를 숨기며 살아갔다. 형의 죽음으로 인해 고향 맨체스터에서 다시 살아 보려 했으나 아픔만 건드릴 뿐이었다. 다시 찾은 맨체스터는 여전히 평화로운 도시이지만, 그는 더 이상 평화롭지 않은 사람이 되었기 때문이다.

그는 다시 평화로운 일상으로 돌아가기를 포기한다. 과거

로 돌아갈 수 없었기 때문이다. "난 도저히 이길 수 없어"라
는 그의 고백이 생각난다. 리는 상처를 극복하지 못한다. 이
영화에는 치유하고 회복하는 모습이 없다.

영화 속 리는 또 다른 우리의 모습이다. 우리는 수시로 달
려오는 상실감과 자책감, 무력감의 공격을 방어할 능력이 없
다. 끝없는 자책의 늪에서 허우적거릴 수 있다. 어쩌면 우리
는 저질렀던 실수 때문에 자신을 끝까지 용서할 수 없다고
생각할 수도 있다. 더 이상 다른 사람을 돌보고 사랑할 자격
이 없다고 관계를 단절시켜 버린다. 더 이상 희망이 없음을
보고 될 대로 되라며 자포자기하거나 삶을 포기할 수 있다.

하지만 그곳에 오히려 희망이 있지 않을까. 자신의 철저한
실패와 무능을 인정할 때가 오히려 우리에게 희망이 있음을
발견하게 되는 기회가 될 수 있다. 다시 그때로 돌아가도 별
수 없을 것을 인정할 수밖에 없다는 사실을 깨닫는다. 이미
벌어진 과거를 바꿀 수 없다는 사실을 깨닫는다.

대신 이 모든 상황을 지켜보고 계시는 분의 존재를 새삼 인
식하게 된다. 배후에 계시는 그분의 주권을 겸손하게 인정하
게 된다. 그분만이 과거의 실수를 되돌려 선으로 바꾸실 분이
라는 신뢰를 갖게 된다. 악이라 여겼던 모든 일도 결국엔 선
으로 바꾸실 수 있는 전능하신 구원자를 비로소 찾을 수 있

는 때가 된 것이다.

모든 것이 무너져 내린 '그라운드 제로'가 오히려 희망이 시작되는 곳이다. 나는 아무것도 하지 못했던 나의 철저한 무능력을 인정하기 시작했다. 내가 아무것도 아님을 받아들인 채 두 손 들고 항복해야 했다. 무능한 존재이면서도 모든 것을 할 수 있는 것처럼 사고하고 행동하려던 모습을 내려놓게 되었다. 조금은 경외감과 두려움도 느낀다. 놀랍게도 평안이 함께 찾아오기도 한다.

하나님의 주권을 인정하면 자책의 수렁에서 벗어날 수 있다. 구원자 하나님을 찾게 되면 나 자신과 타인에게 좀 더 여유로워진다. 삶의 많은 고통으로부터 자유를 얻게 된다. 내 마음은 여전히 하루에도 수없이 평온한 바다와 사나운 바다를 왔다 갔다 한다. 때로는 나의 모자람에 대한 자책으로 파도에 잠기기도 하고, 때로는 하나님의 주권을 인정하며 파도를 넘어가기도 한다. 오늘은 사나운 바다가 이기고 있다. 그러나 이것이 끝이 아님을 나는 안다.

다시 그때로 돌아가도 별수 없을 것을 인정할 수밖에
없다는 사실을 깨닫는다. 배후에 계시는 그분의 주권을
겸손하게 인정하게 된다.
악이라 여겼던 모든 일도 결국엔 선으로 바꾸실 수 있는
전능하신 구원자를 비로소 찾을 수 있는 때가 된 것이다.

내 안의 괴물 상대하기

우리는 갑작스러운 상실을 어떻게 대해야 할지 교육받은 적이 없다. 누구에게나 상실은 매우 낯선 경험이다. 누구도 상실이 가져온 심리적 충격을 상상하지 못한다. 부인, 분노, 자책, 슬픔 등 어떤 경험을 하든 그것은 상상 그 이상이다. 당연한 말이지만, 그렇기 때문에 상실에 대해 대처할 수 있는 지혜가 없다. 상실이 오면 당황하고 어쩔 줄 모른다. 어떤 태도와 행동을 취해서 방어해야 하는지 모르기에 무작정 당하는 것이다.

상실은 여러 가지 심리적 충격과 경험들을 가져다준다. 《상실 수업》의 저자 엘리자베스 퀴블러 로스(Elizabeth Kubler Ross)는 죽음을 앞둔 사람들이 겪는 이러한 충격과 경험을 관찰했다. 이 관찰을 통해 "상실의 단계"라는 이론을 만들어 상실의 고통을 극복하는 데 지혜를 준다.

"상실의 단계"에는 부정, 분노, 타협, 절망, 수용의 단계가 있다. 처음 단계에서는 상실의 충격을 완화하기 위해 일종의 방어 기제로 아무 일도 일어나지 않은 듯이 행동하며 부정한다. 이 단계가 지나면 소외받고 버림받은 고통을 분노로 표현하게 된다. 어떤 이들은 '만일 내가 좀 더 주의했더라면'이라는 생각으로 후회와 죄책을 하는 과정을 겪기도 한다. 이를 통해서 현실을 바꾸어 보려 시도하는 것이다. 이러한 방법으로 바꿀 수 없다는 사실을 인정하게 되면 절망을 경험하기도 한다. 수용의 과정은 사랑하는 이가 떠나 버린 현실을 받아들이는 단계라 할 수 있다.

현실 속에서 모든 상실의 경험은 주관적이다. 상실의 과정을 경험하는 순서가 뒤바뀌기도 하고, 복합적으로 동시에 두세 가지 과정을 경험하기도 한다. 어떤 이들은 분노 표출 없이 바로 수용하기도 한다. 어떤 이는 분노만 나타내고 자책하지 않을 수도 있다. 누가 맞고 틀린 것은 아니다. 하지만 이러한 일반적인 상실의 과정을 이해하는 것은 상실의 고통을 줄여 가며 슬픔을 제대로 슬퍼할 수 있도록 도와준다.

우리는 영화 "데몰리션"에서 상실의 단계를 엿볼 수 있다. 주인공은 교통사고로 아내를 잃는다. 처음에는 슬픔을 느끼지도 못하고 울지도 않는다. 그는 며칠을 평소와 같이 보낸다. 아무렇지 않은 듯 아내와 살던 집에서 살고, 같은 침대에서 잠을 자고, 늘 다니던 회사에 출근을 한다. 대신에 고장으로 자신을 불편하게 만든 스낵 자판기 회사에 소비자 불만 사항을 가득히 적어 낸다. 이런 식으로 아내가 죽은 것을 받아들이지 못하고 부인한다.

며칠이 지난 후 그간 억눌렀던 슬픔을 분노로 표현하기 시작한다. 냉장고를 수리해 달라는 아내의 마지막 부탁이 불현듯 생각나 연장을 들지만 이내 그 냉장고를 전부 분해해 버린다. 회사에 출근해서는 그동안 신경 쓰였던 화장실 문을 전부 분해한다. 자신의 업무용 컴퓨터도 분해한다. 철거 현장을 지나가다가 일용직 근무자가 되어 건물을 철거하기도 한다. 결국에는 망치를 들고 아내와 살았던 집 안 모든 물건을 파괴하기 시작한다. 그것도 모자라 중장비를 가져다가 집 전체를 허물어 버린다. 아내와 살던 세계를 철저히 파괴한다. 그는 괴물로 변해 간다.

어느 날 주인공은 부서진 건물 잔해에서 발견한 아기의 초음파 사진을 보면서 슬픔을 느끼기 시작한다. 아내에게 관심을 가지지 못한 것을 자책하고 자신을 벌주는 행동도 한다. 그런 식으로 현실과 타협한다. 그 와중에 자신의 슬픔에 공감하는 자를 만나 위로받기도 한다. 이 과정을 통해 다른 이를 돌보는 마음이 회복된다.

영화는 아내의 이름으로 유원지의 망가진 회전목마가 다시 세워지는 것으로 마무리된다. 주인공은 아내가 돌보던 장애 아동을 초대해 아내가 못 이룬 꿈을 이루어 준다.

충분히 슬퍼한 후에 그의 행동은 더 이상 파괴적이지 않게 된다. 오히려 타인에게 관심을 가지고 소통하며 삶을 재건한다. 처음에는 분해하고 파괴했지만, 고치고 치유하고 다시 세우게 된다. 모든 것이 파괴된 현장이 다시 세워지고 회복된다.

죽음은 파괴적이다. 하지만 죽음의 파괴적인 에너지조차도 애도를 통해 선한 열매를 맺는 데 쓰이기도 한다. 유나의 죽음은 곧 나의 죽음과 같았다. 마치 지진처럼 갑자기 들이닥쳐 그동안 가지고 있던 신앙, 정체성, 가치관 등을 순식간에 무너뜨렸다. 아등바등하며 지켜 내려 했던 명예와 업적, 단란하고 화목한 가정에 대한 이상, 안전에 대한 바람 등이 쓰나미가 닥친 듯 단숨에 쓸려가 버렸다. 삶의 목적을 잃은 것 같았다. 나를 지탱해 주는 바닥이 없이 끝없이 추락하는 기분이었다.

한동안 끓어오르는 분노 때문에 내가 괴물로 변하는 것 같았다. 나의 세상을 파괴할 뿐 아니라 다른 이의 세상을 파괴할 수도 있겠다는 생각이 들었다. 내 딸이 사라졌는데 멀쩡한 세상이 미워 보였다. 세상은 그저 할 일을 하고 있었지만, 내 슬픔을 일부러 무시하고 있는 것처럼 보였다. 이런 세상, 전쟁이나 재난이 나서 사라져 버렸으면 좋겠다는 생각도 했다.

. 딸의 죽음을 막지 못하고 아무것도 못하던 무기력한 내가 미웠다. 평소에 딸에게 서운하게 행동한 어른들이 있었다면 찾아가 따지고 싶었다. 딸을 살려 내지 못한 병원과 의료진들이 미워 복수하고 싶기도 했다. 매사에 '나 삐뚤어질래'라는 태도로 회의적이고 부정적인 때도 있었다. 이처럼 내 안에 나도 어쩔 수 없는 괴물이 자라나고 있었다.

정혜신 박사는 충분히 슬퍼하지 못한 슬픔은 우리를 괴물로 변하게 한다고 했다. 우리 사회 대부분의 범죄자는 충분히 슬퍼하지 못한 슬픔이 곪아서 터진 상처를 가지고 있기 마련이다. 슬픔을 억누르면 좋은 것도, 기쁜 것도 느끼지 못하는 감정이 없는 사람이 된다. 이런 지경이 되면 이 사람은 자신이 당한 고통보다 더 큰 고통을 세상에 가져다준다. 상처의 고름을 빼내는 효과적인 방법은 충분한 애도를 하는 것이다.

상실이 가져온 혼란스러운 충격에서 벗어나는 것은 쉽지 않았다. 내 속에서 자라는 괴물을 사라지게 할 방법이 없었다. 나는 세상과 나 자신을 향한 분노로 가득했다. 나약하고 무능한 나 자신을 한없이 탓해야 했다. 무력하고 절망 가운데 헤매는 날도 있었다. 아무리 붙잡아도 점점 멀어지는 아이의 기억에 안타까워했다.

그러나 이제는 안다. 내 딸은 다시 돌아올 수 없음을 말이다. 그래서 슬퍼하기도 했다. 목 놓아 우는 방법을 택했다. 내 슬픔과 제대로 이별해야 했다. 제대로 이별해야 제대로 치유받을 수 있을 것 같았다. 그제야 곪아 터진 상처에서 눈물을 통해 괴물로 변한 고름이 빠져나왔다. 세상과 나 자신을 파괴할 괴물이 작아졌다. 이제는 내가 통제할 수 있게 되었다.

상실이 왔을 때 해야 할 숙제를 하지 않는다면 살면서 더 큰 문제를 가져온다. 애도할 시간에 애도를 하자.

고난과 선택

빨래를 하던 아내가 소리 죽여 우는 모습을 본 적이 있다. 빨래 통 안에 '분홍색'이 하나도 없다는 것이다. 그 많던 분홍색이 다 어디로 가 버렸단 말인가. 불과 얼마 전까지만 하더라도 빨래걸이에 분홍색 옷들이 남 보란 듯 예쁘게 널려 있었다. 느닷없이 태풍이 불어와 우리의 분홍 빛깔 옛 추억뿐 아니라 미래를 다 가져가 버렸다.

하나님은 평강이시니 내 인생에도 평강이 넘치리라 생각했다. 물론 세상에 고난이 있지만, 나와는 상관없을 것처럼 착각했다. 이런 순진한 생각은 한순간에 불어온 태풍에 산산조각이 났다. 내가 고난에 처해 보지 못했을 때는 세상이 그저 평화롭게 보였다. 고난에 처한 이들이 있다는 사실을 모르고 지냈다. 막상 고난의 한가운데 있고 나서야 고통받고 있는 사람들이 눈에 들어왔다.

'아! 세상은 고난으로 가득 차 있구나.'

고난은 누구에게나 엄습해 온다는 사실을 인정해야만 했다. 고난이 처음 닥쳤을 때는 나만 고난받고 있는 것 같아 억울했다. 시간이 지나고 격한 감정이 잦아들자 왜 나만 고통을 당하냐며, 공평하지 않다고 불평할 이유가 없다는 생각을 하게 되었다. 오히려 나만 고통을 당하지 않는 것이 '더' 불공평할 수 있겠다는 생각도 들었다. 그렇게 보면 예수님도 고난당하지 않으셨는가. 십자가는 고난의 보편성에 대한 상징일 수도 있겠다.

누구도 고난이 오는 것을 막을 수는 없다. 그런데 내가 발견한 사실은 고난에 대한 대처법이 '따로' 있다는 것이다. 우리는 고난이 왔다고 해서 무조건 피해자가 되는 것이 아니다. 오히려 고난이 왔다는 사실보다 그 고난에 대처하는 우리의 자세가 더 중요하다. 우리가 취하는 태도에 따라 우리는 영원한 피해자로 남을 수도 있고, 상처에도 불구하고 유익을 얻는 자가 될 수도 있다.

나는 딸의 죽음의 이유를 얻을 수 없었다. 이 고난에 대한 하나님의 뜻을 다 이해할 수 없었다. 죽을 때까지 나는 그 뜻을 알 수 없을 것이다. 나는 이해하기보다는 차라리 신비의 영역에 두기로 했다. 나는 선과 악에 대해 알지 못하고 분별하지 못한다. 나의 무지를 인정하고 신비를 받아들이는 것이 피조물인 내가 창조주 하나님께 드릴 합당한 태도라 생각했다.

대신 고난 속에 있는 나를 향한 하나님의 분명한 뜻을 알수 있었다. 나를 향한 그분의 뜻은 '재앙이 아니라 평안'이었다(렘 29:11). 하나님은 결코 내가 고난을 당했다고 해서 내 인생을 망치기를 원하지 않으셨다. 하나님은 내게 선택의 권한을 주셨다. 나는 고난의 피해자가 될지, 아니면 성장으로 나아갈지 스스로 선택할 수 있었다. 나는 자유 의지를 가지고 하나님께 순종할 수도 있었고, 하나님의 마음을 아프게 만들수도 있었다. 나는 전자를 택했다.

요셉의 삶은 고난의 연속이었다. 자랑 한 번 했다고 미움을 받아 애굽에 팔려 갔다. 그는 그곳에서 노예로 팔려 온 인생을 한탄하며 여생을 보낼 수 있었다. 그러나 그는 자신을 고난의 피해자로 여기지 않았다. 노예의 일을 성실히 수행했다. 그때마다 보여 주시는 하나님의 뜻에 순종했다. 주인의 아내의 유혹에 넘어가 정체성을 잃고 여생을 스스로 보상하며 살수도 있었다. 그러나 그는 고난이 올지라도 순종하는 삶을 택했다. 이어진 감옥 생활에서 불행한 삶을 한탄하며 생을 마감할 수도 있었다. 그러나 그곳에서도 자신이 할 수 있는 일을 성실하게 해 냈다. 그 모든 선택의 결과로 요셉의 생애는 '재앙이 아닌 평안'으로 마무리되었다.

우리는 살면서 사랑하는 가족을 잃거나 소중한 명예나 재산 또는 직장을 잃게 될 수 있다. 그럼에도 그 어떤 상황 가운데서도 우리는 '선택'할 수 있다. 하나님은 그런 상황 가운데서도 우리가 선을 선택하기를 바라실 것이다. 그렇게 함으로써 우리는 우리의 사랑을 고백하는 기회를 얻게 될 것이다. 그것은 선하신 하나님을 신뢰하는 표현이 된다. 또한 그렇게 함으로써 악을 선으로 바꾸실 전능자가 다시 한 번 우리 가운데 일하실 기회를 드릴 수 있게 된다.

그러므로 재난이 우리에게 닥쳐서 우리가 망하는 것이 아니다. 잘못된 선택이 우리를 망하게 한다. 바른 선택은 우리를 주 안에서 '흥'하게 할 수 있다.

장마

장마가 시작됐다.

비가 오는 날이면 네가 더 생각난다.

날 떠나가던 날 아침에도 이렇게 비가 왔다.

이른 봄이었는데도 장마처럼 장대비가 왔다.

하늘에 구멍이라도 났을까.

비구름이 너무 무거워지면

산 넘어가지 못하고

산등성이에 걸려 한바탕 비를 뿌린단다.

그러면 가벼워져서

산을 넘어간다 한다.

이렇게 못다 운 울음 울고 나면
여름이 오겠구나.
길고 길었던 봄이 이렇게 지나는가 보다.
이렇게 또 한 고비 넘어가나 싶다.

상처받은 영혼들은 치유를 기다린다. 어떤 영혼들은 시간이 지남에 따라 자연스럽게 치유를 경험하기도 한다. 하지만 더 많은 영혼이 상처에 고통스러워하며 도움을 바란다. 이들의 상처들은 가만히 놔두면 반드시 덧나기 마련이고, 결국 더 큰 고통을 가져다줄 것이다. 상실로 인한 상처가 이와 같다. 마음을 갈기갈기 찢어 놓는다. 이 상처는 시간이 흐른다고 자연적으로 치유되지 않는다. 그런 이들은 적절하면서도 지속적인 치유의 과정을 필요로 한다.

　때로 그들은 이전의 삶이 그리워 그 시절로 빨리 돌아가고 싶어 한다. 하지만 그들은 그 삶으로 돌아갈 수 없을 것이다. 마치 교통사고로 장애를 얻은 것처럼, 새로운 환경에 적응해야 한다. 새로운 삶을 살아야 한다.

　더 이상 그들은 상실로 인한 상처를 깨끗이 잊고 살아갈 수 없다. 마음에 장애가 있기 때문이다. 일상에서 종종 모든 것을 내 탓으로 돌리는 죄책감에 시달린다. 피해자 코스프레를 하며 사소한 일에도 서운함을 갖는다. 분노하고 비난하고 원망하기도 한다.

이제는 이러한 마음의 장애를 안고 살아가는 법을 배워야 한다. 상실이 남긴 고통과 함께 살아갈 수 있도록 일종의 재활 훈련이 필요하다는 말이다.

감사하는 마음을 갖는 것은 마음 재활 훈련이라 할 수 있다. 감사하는 마음은 상실이 주는 마음의 장애와 함께 살아갈 수 있도록 우리 마음의 근육을 회복시켜 준다. 마음에 최소한의 버팀목이 될 수 있다. 감사함을 통해 상처가 덧나지 않게 우리 마음을 지킬 수 있다. 슬프면 울다가도 다시 웃을 수 있는 회복의 힘을 얻게 된다.

"감사하는 마음에는 슬픔의 씨앗이 뿌리내릴 수 없다"는 말이 있다. 희곡 "아마데우스"를 쓴 영국의 극작가 피터 쉐퍼(Peter Levin Shaffer)가 한 말이다.

상실은 우리 마음에 슬픔, 원망, 자책, 분노, 우울 등 독버섯의 씨앗을 뿌려 놓는다. 마음을 지키지 못한다면 이 독버섯들은 자라서 우리의 삶을 끝장낼 것이다. 우리를 파괴하려는 독버섯 씨앗이 마음에 뿌려지는 것을 막을 수는 없지만, 그것이 자라지 못하게 할 수는 있다. 감사는 부정적인 감정이 더 이상 열매를 맺지 못하도록 마음에 힘을 공급해 준다.

뿐만 아니라 감사하는 마음은 우리 몸까지도 지켜 준다. 미국 샌디에이고 캘리포니아 주립대학의 폴 밀스(Paul Mills) 교수는 심부전증 환자들을 대상으로 연구한 결과, 감사함을 잘 느끼는 사람일수록 더 잘 자고, 덜 우울하고, 심장 기능도 개선된다는 사실을 밝혀 냈다. 또한 이들에게 8주간 감사 일기를 쓰게 했더니 체내 염증 지수가 현저하게 떨어졌다고 했다.

또한 감사하는 마음을 표현하면 가족 관계에서 스트레스 지수가 떨어지고 부부 관계가 개선된 것을 보여 주었다. 암환자에게 감사하는 마음이 면역력을 증가시킨다는 것이 확인되기도 했다. 감사는 그 자체가 마법 같은 일을 가능하게 한다. 감사는 몸과 마음을 지켜 준다.

신앙의 자유를 찾아 고국을 떠난 청교도들을 기다리고 있던 것은 고난의 연속이었다. 어렵게 구한 배는 180톤밖에 나가지 않는 작은 배라서 모든 인원을 태우기에는 터무니없이 좁았다. 게다가 속도가 너무나 느렸다. 폭풍을 만나 큰 돛이 부러졌고 두 사람이나 목숨을 잃었다. 파도가 심해서 여인들이 물에 빠지기도 했다. 신대륙에 도착해서는 인디언들의 방해로 한 달 동안 해안을 표류해야 했다. 그들은 117일 만에 보스턴에 도착했다. 불평할 것과 원망할 것이 너무나도 많았지만 그들은 감사로 마음을 지켜 냈다.

그들은 작은 배라도 얻어 매일 조금씩이라도 전진할 수 있었던 것에 감사했다. 돛이 부러지고 생명도 잃었으나 배가 파선하지 않은 것을 감사했다. 귀한 생명을 잃었지만 새 생명이 태어나서 감사했다. 이렇게 감사하는 마음으로 힘겨운 시기를 버텨 냈다. 그들 중에 한 명도 다시 돌아가자는 사람이 없었다.

그해 혹독하게 추운 겨울을 보냈다. 극심한 기아와 질병으로 많은 사람이 목숨을 잃었다. 그러나 남은 사람들은 절망하지 않았다. 오히려 감사했다. 이듬해 그들은 수확한 농작물을 가지고 감사 예배를 드렸다. 자신들을 도왔던 인디언들을 초대해 감사를 표현했다. 이것이 미국 추수감사절의 기원이 되었다. 청교도들의 마음에 감사가 없었다면 불평과 분노와 절망으로, 신대륙의 새로운 역사는 펼쳐지지 못했을 것이다.

우리 가족은 매일 감사 일기를 쓰고 있다. 매일 밤 자기 전에 그날의 10가지 감사 제목을 찾아 감사 일기를 쓴다. 그날 있었던 소소한 일상들에 감사한다. 삶을 지탱할 수 있도록 공기와 환경, 음식을 주신 것도 감사한다. 나에게 감사거리가 없으면 가족이나 공동체, 사회에 이루어진 감사한 일들에 대해 감사한다. 때로는 '그럼에도 불구하고' 감사하기도 한다.

유나의 죽음을 통해서도 선을 이루실 것이라고 믿으며 감사했다. 이러한 감사는 결국 우리 가족을 지켜 냈다. 감사함으로 몸과 마음이 파멸에 이르는 것을 막아 냈다.

살아 있는 한 고통을 느낀다. 만약 고통을 느낄 수 없다면 이미 죽은 몸인 것이다. 상실이 가져온 고통은 당연한 것이다. 고통을 느낀다는 말은 살아 있다는 말이다. 오늘도 나는 고통을 느낀다. 내가 살아 있음을 알려 준다. 그러므로 나는 살아 있음에 감사할 수 있다.

용서

성경 이야기는 용서의 이야기로 가득하다. 요셉은 자신을 팔아먹은 형제들을 용서했다. 다윗은 자신을 해하려는 사울왕을 용서하고 복수하지 않기로 했다. 1만 달란트를 빚진 청지기는 모든 빚을 탕감받았다. 재산을 탕진하고 돌아온 둘째 아들을 아버지는 용서했다. 바울도 빌레몬에게 오네시모를 용서해 주기를 바라는 편지를 썼다. 무엇보다도 성경 자체가 죄 많은 인간이 용서받은 이야기다. 예수님이 가르쳐 주신 주기도문에도 용서하고 용서해 달라고 간청하는 대목이 있다.

이처럼 성경에서 "용서"라는 주제가 중요하기는 하지만, 일상에서 우리가 용서하는 일은 쉬운 일이 아니다. 특별히 지울 수 없는 상처를 남긴 자들을 용서하는 일은 어렵다. 상처를 입힌 자는 그런 일이 있었는지조차 기억하지 못하는 경우가 있다. 하지만 상처 입은 자는 용서할 수 없을 것이다. 용서하지 못하는 마음은 미움이나 증오, 복수심이 들끓어 오르게 만든다. 심지어는 용서했다고 하나 곧 다시 잊어버리고 미움이 되살아나기도 한다. 또한 잘못을 저지른 자가 자기 자신이면 더더욱 용서할 수 없다고 생각할 수 있다.

용서하기는 이렇게 어렵다. 그만큼 어렵기에 누군가의 말처럼 '용서를 한다는 것은 인간이 할 수 있는 가장 위대한 일'일 것이다. 용서에는 새로운 에너지를 창조하는 새 힘이 있다. 용서는 관계를 회복시키기도 한다. 무엇보다도 자기 자신을 위해서 용서해야 한다. 용서하지 않는 마음은 자신을 파멸로 몰아갈 수 있기 때문에 그렇다.

그렇다면 우리는 어떻게 용서할 수 있을까? 코리 텐 붐(Corrie Ten Boom) 여사는 나치 독일의 유대인 수용소에서 생존한 이후 전 세계를 다니며 신앙을 주제로 강의를 했다.

어느 날 독일 어느 도시에서 그녀는 짐승처럼 자신을 괴롭혔던 포로 수용소의 교도관을 운명처럼 다시 만났다. 그를 바라보자 증오로 피가 거꾸로 흐르는 것만 같았다. 죽어도 용서할 수 없다며 그가 청한 악수를 거절했다.

그런데 그 순간 그녀의 마음에 갈보리산의 십자가가 나타났다. 그 속에서 찢기고 피 흘리고 계신 예수님이 "너희 모두의 죄를 대신하여 내가 십자가에 달렸으니 다른 이들을 용서하라"라는 음성을 들려주셨다. 그녀는 이 음성 앞에 비로소 십자가의 예수님을 의지해 용서의 손을 내밀 수 있었다.

우리에게는 이렇게 남을 용서할 수 있는 힘이 없다. 우리 자신도 용서할 수 없다. 용서하는 마음은 우리 자신도 용서받은 존재라는 사실을 인정하는 데 있다. 우리 자신도 용서의 대상이었으며, 그분이 기꺼이 용서하셨다는 사실을 받아들이는 것이 용서의 시작이다.

그날의 모든 일을 용서한다. 처음에 시간이 지체된 모든 상황과 인간적인 부족함들과 서운함들을 용서한다. 그리고 감사한다. 유나가 고통 속에 투병을 하지 않고 하늘 아버지께 빨리 갈 수 있었기 때문이다. 또한 유나는 잠자는 듯이 평온하고 순적하게 하늘 가는 길을 준비할 수 있었기 때문이다.

유나를 응급차에 태우고 가는 동안 길을 헤맸던 기사분을 용서한다. 길을 터 주지 않았던 수많은 운전자의 이기적인 행동과 무관심을 용서한다. 그리고 감사한다. 가는 동안 유나의 눈물을 보았고, 손을 잡았으며, 사랑한다 말할 수 있는 시간이 충분했기 때문이다.

병원에 도착해서 여러 가지로 불편하고 답답하게 진행되었던 검사와 절차들을 용서한다. 늦게 도착한 의사들과 때늦은 처치들을 용서한다. 또 한 번의 이송과 또 다른 기다림을 갖게 된 상황들을 용서한다. 환자의 상태를 몰라 애타는 우리를 방치한 것만 같은 상황들을 용서한다. 때늦은 시술과 처치들을 용서한다. 그리고 감사한다. 인간적인 모든 노력이 아무 소용이 없는, 그렇게 짜인 각본 같았음을 이해했기 때문이다.

무엇보다도 나 자신을 용서한다. 용서받을 자격이 없지만 십자가의 용서를 받은 내가 자책하고 있는 나 자신을 용서한다. 그날 유나의 심각한 상태를 못 알아본 나를 용서한다. 아침까지 기다려서 더 악화되게 한 나를 용서한다. 아내에게만 맡겨 놓고 유나를 적극적으로 살피지 못한 나를 용서한다. 무능하게 아무것도 하지 못했던 나 자신을 용서한다. 더 큰 병원으로 옮기지 못했던 나를 용서한다. 살려 달라고 더 간절히 애원하지 않았던 나를 용서한다. 대신 감사한다. 나의 무능함 때문에 유나가 더 고생하지 않고 빨리 떠날 수 있었기 때문이다. 이별의 아픈 고통을 짧게 해 주신 하나님께 감사한다.

유나에게 좀 더 좋은 아빠가 되어 주지 못한 나를 용서한다. 그리고 감사한다. 유나 아빠로 행복하게 살 수 있게 해 주셔서 감사한다.

"유나야! 이 모든 잘못과 상황들을 용서해 줄 수 있겠니? 이 아빠를 용서해 줄 수 있겠니? 부활과 소망의 바다에서 나를 품어 주고 용서해 줄 수 있겠니? 너도 감사해 줄 수 있겠니?"

용기의 커튼콜

성악가인 형님이 출연하는 오페라를 관람할 때가 있다. 한번은 "젊은 베르테르의 슬픔"이라는 오페라를 봤다. 독일인인 요한 볼프강 폰 괴테(Johann Wolfgang von Goethe)의 원작 소설이라 사색적이고 묵직한 감동을 줄 것이라 생각했는데, 오페라는 프랑스 작품이라서 그런지 낭만적이고 감상적이었다. 이루어질 수 없는 사랑 때문에 젊은 베르테르가 권총으로 삶을 마감하며 이야기가 마무리된다.

베르테르가 피 흘리며 숨져 갈 때쯤 사랑하는 여인 로티가 달려와 품에 안긴다. 이때부터는 진한 신파극으로 변하는데, 베르테르는 이때부터 죽지도 못하고 독창에 듀엣까지 힘을 다해 노래를 불러야 한다. 아름답긴 한데 보는 사람은 안쓰럽기까지 하다. 이제 그만 죽어야 하는데…. 한참 동안 이어진 연주가 끝나면 베르테르는 조용히 숨을 거두고, 새드엔딩으로 막이 내린다.

한동안 적막이 흘렀다. 그러다 곧 우레와 같은 환호와 박수 소리가 들렸다. 사람이 죽었는데 박수를 보낸다는 것이 현실 세계에서는 절대 있을 수 없기에 생소한 장면이었다. 하지만 상상이 만들어 낸 세계 속에서는 이 일이 가능하다.

막이 오르고 조명이 환하게 비쳤다. 이제 내가 기다리는 커튼콜 행사가 시작됐다. 한순간에 슬픔은 사라지고, 출연자들이 모두 나와 갈채를 받았다. 피를 철철 흘려도 죽지 못하고 베르테르 역을 연기했던 형님은 어느새 죽음에서 살아나 감사 인사를 했다. 모두 축배의 노래를 부르듯이 즐거워하며 공연을 마무리했다.

어쩌면 우리는 모두 슬픈 이야기의 주인공인지 모르겠다. 주인공의 사랑은 이루어질 수 없다. 꿈을 이루지 못한다. 원하지 않는 고난으로 고통스러운 나날을 보낼 수 있다. 힘겨워하다가 스스로 삶을 마감할 정도의 비통에 잠기기도 한다. 해피엔딩보다는 새드엔딩으로 인생을 마감할 기회가 더 많은 듯싶다.

욥은 무대 위 슬픈 이야기의 주인공이었다. 욥이야말로 고통받으면 정말 안 되는 착한 사람이었다. 그러던 그에게 갑자기 고난이 닥쳤다. 자식들을 모두 잃었다. 재산과 명예도 잃었다. 부부 관계도 그렇게 건강하지 않아 보인다. 친구들은 차라리 침묵하면 좋겠다. 무대 뒤에서 벌어지는 모든 내막을 알지 못한 채 욥은 고난을 받았다. 하나님은 보이지 않으시고, 욥은 버림받은 것만 같았다. 죄 없는 자신을 항변해도 속 시원한 대답을 듣지 못했다. 욥의 고통은 '의인은 복을 받고 악인은 저주를 받는다'라는 우리의 순수한 믿음을 여지없이 무너뜨린다.

사람들은 욥기의 후반부를 읽고 그의 이야기가 해피엔딩이라고 착각한다. 믿음을 지키고 결국 하나님께 축복을 받았다고 말이다. 말년에 자녀와 재산을 두 배로 보상받았으니 결국 축복이라는 것이다. 그러나 생각해 보라. 잃어버린 자식을 다른 자식으로 보상받을 수 있는지를. 자녀는 재산이나 대체할 수 있는 물건이 아니라 생명이자 관계다. 나는 한 명의 자녀를 잃어도 매일 생각나는데, 10명의 자녀를 잃은 욥은 아마도 매일 밤 10명의 자녀를 한 사람, 한 사람 생각하며 애도하지 않았을까. 한 번에 한 사람씩밖에 그리워할 수 없는 것이다. 욥은 아마도 여생을 잃어버린 자녀를 그리워하며 살았을 듯싶다.

또한 사람들은 욥이 재산으로 보상받았기 때문에 그의 노년이 행복했을 것이라 생각한다. 하지만 그는 이미 재물이 절대 가치가 아니라는 것을 인정했다. 재물의 여부가 행복의 유무를 정하지 않음을 알았다. 게다가 욥에게는 고난으로 얻은 후유증이 있었을 것이다. 피부병에서 완전히 회복되었다는 언급이 없다. 어쩌면 질병을 앓으며 여생을 살아야 했을지도 모른다. 야곱처럼 후유증으로 평생을 절뚝거리며 살아야 했을지도 모른다. 아내와의 관계 회복에 대한 언급도 없다. 욥기는 욥의 회복에 관심을 두지 않는 듯하다.

마지막으로, 욥은 믿음의 시험에서도 좋은 점수를 받지 못했다. 처음에 그는 시험 문제를 잘 풀었다. 하나님을 신뢰하고 믿음을 지켰다. 그러나 하나님을 더 풍성히 알고 경험하지 못했다. 끝까지 자신의 의로움만 주장했지, 더 의로우신 하나님을 알고 섬기지 못했다. 더욱이 고난의 배후에 계신 창조주 하나님의 지혜와 능력에 대해서 그는 너무도 무지했다.

욥은 분명히 다 이해하지 못하고, 다 회복하지 못한 채 삶을 마감했을 것이다. 욥기가 해피엔딩으로 끝났다는 것은 너무도 성급한 결론이다. 무대 위에서 그의 공연은 분명 새드엔딩에 가깝다.

그럼에도 우리 모두가 아는 사실은 무대 위의 욥에게도 커튼콜 무대가 기다리고 있었다는 사실이다. 욥은 적어도 자신의 슬픔을 한탄하며 인생을 마감하지는 않았을 것이다. 그는 아마도 죽음 이후에 만날 환호와 박수를 기다렸을 것이다. 입

에는 엷은 미소를 띠며, 눈은 실눈을 뜨고, 다시 커튼이 올라

갈 시간을 기다리며 무대 위의 삶을 마감했을 것이다.

욥에게 희망이 있었던 이유는 창조주 하나님 때문이다. 그

는 의인이라 불렸지만 하나님 앞에서는 철저히 무지했고 무

능했다. 그는 고난받았다. 그에게는 희망이 전혀 없었다. 그

러나 그는 그 고통을 통해서 무대 뒤에 계신 창조주 하나님

을 새롭게 만났다.

하나님이 악과 내기를 하신 이유는 자유 의지를 가진 인간

을 사랑하셨기 때문이다. 자신의 피조물인 인간이 자유 의지

를 가지고 하나님을 사랑하기로 선택하기를 원하셨다. 피조

물이 조건 때문이 아니라 사랑 때문에 창조주를 경배하기를

원하셨다. 어떤 조건 때문이라거나 강제로 사랑하게 만든다

면 그것은 진실한 사랑이라고 볼 수 없다.

아무것도 남지 않았을 때 하나님을 욕하고 죽는다면 하나

님이 내기에서 지시는 것이 된다. 욥은 부족했지만 하나님을

선택했다. 그분의 지혜와 성품을 온전히 이해하고 따르지는

못했지만, 창조주 하나님의 영광을 지켜 냈다.

하나님은 욥을 사랑하시어 그에게 친히 자신의 모습을 풍

성히 나타내셨다. 이 창조주 하나님은 새로운 하나님이셨다.

더 이상 욥이 자신의 상자에 가두고 섬기던 하나님이 아니셨

다. 그분이 가지신 지혜와 능력은 욥이 상상할 수 없었다. 하나님을 더 알고 사랑하게 된 것만으로 그에게는 충분했다.

또한 욥은 그 위대하신 창조주 하나님이 언젠가는 인간의 죄와 고통을 멸하실 것이라 기대했을 것이다. 하나님이 회복하실 새 하늘과 새 땅을 기대했을 것이다. 이 새로운 하나님으로 인해 욥은 그의 마지막 무대를 행복하게 마쳤을 것이라 생각된다.

유나의 죽음으로 새로운 하나님을 만났다. 그분은 이전에 내가 알았던 하나님이 아니셨다. 그분은 더 크고 위대하신 하나님이었다. 그 하나님이 인간의 죄와 고통으로 가득한 이 세상을 새 나라로 바꾸어 주실 것이다. 그때는 더 이상 슬픔이 없을 것이다.

그러하기에 나는 곧 있으면 이루어질 커튼콜 행사를 기다린다. 곧 펼쳐질 놀라운 일들을 기다리며 새드엔딩으로 끝나는 무대를 숨죽이며 바라본다. 내 딸이 다시 일어나 갈채 속에서 머리 숙여 인사하는 모습에 박수를 보낼 준비를 하면서 말이다.

부활

기적은 일어나지 않았다. 유나는 수술 후 깨어나지 못했다. 기적처럼 생명이 돌아오는 일은 없었다. 한순간에 모든 상황이 역전되고 큰 기쁨이 다시 찾아오는 기적은 내 것이 아니었다. 수시로 밀려오는 슬픔의 고통을 감당할 수 없었다.

예수님의 죽음을 목격한 가족과 제자들의 심정이 생각났다. 십자가를 붙들고 당장 하나님이 나타나셔서 자신들의 메시아를 구원해 달라며 애원했을 것이다. 그들에게도 그러한 기적은 당장 일어나지 않았다. 그들도 비통에 잠겨 신음하며 부활의 아침을 맞이했다.

마침내 부활의 아침, 그들이 그렇게 바라던 기적이 그제야 일어났다. '사흘'이라는 시간 차이를 두고 말이다. 그들은 놀랍고 흥분된 상태로 기적의 아침을 맞이했다. 거기에는 놀라움과 감격이 뒤섞이고 슬픔과 고통을 역전시킨 어떤 통쾌함이 있다.

아쉽게도 나는 부활절 아침의 그 감격을 누리지 못했다. 여전히 내 마음은 쓰리고 아팠다. 부활의 기쁨은 나와는 전혀 상관이 없는 듯 느껴졌다. 내게 '기적'이 일어나지 않았던 이유를 묻고 또 물었다. 그러나 속 시원한 답을 얻지는 못했다. 다만, 예수님의 죽음과 부활에 대해 더 깊이 생각하게 되었다. 정말 나에게 기적은 일어나지 않았을까. 예수님이 가져오신 부활이 내게 어떤 의미를 가져다주었는지 묻고 또 물었다.

그러자 전혀 기대하지도 않았는데 예수님이 부활하셨다는 사실이 커다란 위안을 주었다. 내게 이루어지지 않았던 그 기적이 중요한 것이 아니었다. 무엇보다도 중요한 것은 그분이 부활하셨다는 기적에 있었다. 예수님이 부활하심으로 말미암아 나에게도, 유나에게도 그 기적의 소망이 남아 있게 되었다. 몸이 다시 사는 기적 말이다.

기적이 이루어지는 데는 시간이 필요했다. 당장 기적이 일어나지 않았다고 절망할 것이 아니었다. 우리는 어차피 다시 죽을 운명이다. 살아난 나사로도 결국 다시 죽을 운명 아니었던가. 슬픔은 반복될 것이었다. 그러나 예수님이 부활하셨기에 나사로의 죽음은 더 이상 슬픔의 반복이 아니었다. 비록 다시 죽음을 맞이할 것이지만, 새 몸으로 다시 부활할 수 있는 소망이 남아 있는 것이다. 만약 예수님이 부활하지 않으셨다면 다시 살아난 나사로에게는 더 이상 소망이 없었을 것이다.

예수님의 부활은 분명 내게도 새 소망을 주었다. 예수님의 부활은 유나가 병원에서 살아나는 기적보다 더 큰 기적으로서, 이미 내게 이루어졌다. 이제는 그 소망으로 인해 내게도 소망이 생긴 것이다. 유나는 새 하늘과 새 땅이 완성될 때 새 몸으로 부활할 것이다. 이 땅에서의 육신의 죽음은 비록 슬프지만 영원한 절망은 아니었다.

부활에 대한 소망은 나에게 고통을 잠시나마 잊게 하는 진통제가 되어 주었다. 사실 유나가 지금 어떤 상태에 있는지 명확하지는 않다. 전통적인 관점을 따르면, 유나는 낙원이라는 곳에서 주님과 함께 있을 것이다. 어쩌면 부활의 날을 기다리며 하나님의 품에서 잠들어 있을지도 모른다. 영으로 하나님과 있는지, 아니면 어떤 대기 상태에 있는지는 확실하지 않다. 분명한 것은 아버지 하나님의 품에 있다는 사실 그 자체가 내게 소망을 준다는 것이다. 그리고 새 창조가 완성될 그때, 유나를 다시 만나게 될 희망을 가지고 있다. 새롭게 창조된 나라에서 새롭게 얻은 육체로 사는 삶을 상상하는 것은 즐겁기까지 하다.

부활에 대한 소망은 또한 내 삶에 새로운 의미를 더해 준다. 죽음 이후 부활의 삶만이 좋은 것이라면 이 세상에서 더 사는 것은 내게 더 이상 의미가 없을 것이다. 내게 부활의 소 망은 현재의 삶도 소중하다는 인식을 심어 주었다.

하나님은 우리를 몸은 없는 영의 상태로 부활시키시는 것 이 아니다. 하나님은 우리의 죽은 육체를 새로운 생명으로 부 활시키실 것이다. 형질이 다른 새로운 육체가 살아갈 새로운 세상, 새 하늘과 새 땅을 준비하고 계신 것이다.

내가 바라는 새 하늘과 새 땅은 분명 '영'만이 살아남아 영 원토록 경배만 하는 세상이 아니다. 그 나라는 몸을 가지고 하나님의 백성으로서 부르심을 받은 소명을 다하는 세상일 것이다. 서로 돌보고, 사랑을 주고받으며, 새로운 몸으로 봉 사하는 세상 말이다.

물론 이 세상의 삶이 새 하늘과 새 땅의 삶으로 어떻게 이 어질지는 모른다. 새 창조는 전적인 새 창조가 아니라 옛 세 상의 갱신이라고 볼 수 있다. 연속되는 부분도 있고, 연속되 지 않는 부분도 분명히 있을 것이다. 모든 것이 불로 태워 없 어질 것도 있을 테지만 그리스도 안에서 순종의 열매가 새로 운 세상의 일부로 변할 수도 있다.

성령을 의지하며 사역한 수고는 낭비되지 않고 이어질 것 이다. 하나님의 손안에서 개선되고 더 향상될 것이다. 시를 쓰고, 설교를 하고, 아이를 키우고, 사람들의 필요를 섬기는 일 등 현재 우리가 하는 모든 일이 하나님 나라의 완성을 이룰 벽돌로 사용될 것이다. 성령 충만한 가운데 작곡된 영감이 넘치는 아름다운 음악은 그 나라에서도 울려 퍼질 것이다. 감동을 주는 화가의 작품도 하나님 나라 갤러리의 어딘가에 걸려 있을 것이다.

이렇게 이 땅에서 우리의 수고는 완성될 미래의 그 나라까지 이어질 것이다. 우리는 하나님의 동역자가 되는 셈이다. 그러므로 현재 육체의 삶은 매우 중요하다.

지금 내 삶은 십자가와 부활 사이를 사는 것 같다. 충격과 절망의 성금요일이 지났다. 기쁨과 감격의 부활주일은 아직 오지 않았다. 지금 나는 슬픔과 인내의 토요일을 살고 있다. 여전히 아프고 괴롭다. 어서 부활의 주일이 오기를 바란다.

그러나 나는 안다. 부활의 소망 때문에 현재 내 삶에서 주 안에서 '몸'을 가지고 수고하는 일이 결코 헛되지 않을 것이라는 사실 말이다. 이 소망 때문에 나는 견고하며 흔들리지 않고 주의 일에 더욱 힘쓰는 자가 될 수 있다(고전 15:58).

아내와 가끔씩 재미있는 상상을 한다. 유나를 태운 기차는 이미 천국을 향해 출발했다. 수십 년쯤 뒤에 우리를 태운 기차도 천국으로 출발한다. 그런데 우리가 탄 열차는 급행이라서 천국에 먼저 도착한다. 유나가 탄 열차는 완행열차로 여기저기를 구경하며 천국에 온다. 유나는 우리와 얼마나 오랫동안 헤어졌는지 모른 채, 몇 시간 여행하고 있다고 느낄 것이다. 우리가 탄 열차는 시간의 터널을 통과해 먼저 도착한 것이다. 우리 부부는 먼저 기다리고 있다가 기차에서 내리는 유나를 맞이하는 것이다. 천국에는 시간과 공간의 제약이 없기에 가능한 일이 아닐까.

과거에 내가 기대한 시간표대로 이루어지지 않았던 기적에 아쉬울 것 없다. 다만 연기된 기적이라고 생각하기도 한다. 그리고 그 연기된 기적은 그동안 잃어버린 시간에 대해 충분히 보상해 줄 것이다. 이 상상을 하면 안심이 되고 미소까지 띨 수 있게 된다.

충격과 절망의 성금요일이 지났다.
기쁨과 감격의 부활주일은 아직 오지 않았다.
여전히 아프고 괴롭다. 그러나 나는 안다.
부활의 소망 때문에 현재 내 삶에서
주 안에서 '몸'을 가지고 수고하는 일이
결코 헛되지 않을 것이라는 사실 말이다.

"나의 사랑하는 자가 내게 말하여 이르기를 나의 사랑, 내 어여쁜 자야 일어나서 함께 가자 겨울도 지나고 비도 그쳤고 지면에는 꽃이 피고 새가 노래할 때가 이르렀는데 비둘기의 소리가 우리 땅에 들리는구나 무화과나무에는 푸른 열매가 익었고 포도나무는 꽃을 피워 향기를 토하는구나 나의 사랑, 나의 어여쁜 자야 일어나서 함께 가자 바위틈 낭떠러지 은밀한 곳에 있는 나의 비둘기야 내가 네 얼굴을 보게 하라 네 소리를 듣게 하라 네 소리는 부드럽고 네 얼굴은 아름답구나"(아 2:10-14).

술람미 여인은 위태로운 낭떠러지 바위틈에 숨어 추위와 외로움을 홀로 견뎌 내야 했습니다. 사랑하는 이가 다시 찾아올 봄을 간절히 기다렸습니다. 어느 따뜻한 바람이 다시 부는 날, 사랑하는 솔로몬왕이 다시 찾아왔습니다. "나의 사랑하는 자야, 이제 일어나 나와 함께 가자!" 하며 손을 내밉니다. 때로 우리의 영혼은 겨울을 맞습니다. 세찬 비바람을 견뎌 내야 할 때도 있습니다. 때론 바위틈 낭떠러지에 홀로 버려진 것 같은 느낌이 들 수 있습니다. 그러나 그분의 시선은 한 번도 우리와 떨어진 적이 없습니다. 따뜻한 기억처럼 우리와 함께 계셔서 영혼의 겨울을 견뎌 내게 하십니다. 봄이 되면 상실과 슬픔 속에 버려진 우리 영혼을 찾아오십니다. 그분은 따뜻한 목소리를 들려주시고 사랑의 손길을 내미십니다. 새로운 길로 초대하십니다. 그 봄을 기다리며 우리는 안식할 수 있습니다. 우리는 다시 노래를 부를 수 있습니다. 이전에 경험해 보지 못한 풍성한 사랑과 안식의 길을 걸어갈 수 있습니다.

"사랑하는 자야! 날개 꺾인 작은 새야! 절벽 바위틈에 숨어 비둘기처럼 슬피 울었구나. 가슴을 때리는 비바람 견디며 살았구나. 네게 베푼 은혜와 사랑을 기억하며 버텨 냈구나. 다시 찾아온다는 약속을 붙들고 있었구나. 사랑하는 자야! 너는 나를 한순간도 잊은 적이 없었구나. 나도 너를 한순간도 잊은 적이 없었단다. 나는 너와 늘 함께 있었다. 차가운 호흡 속에 함께 있었다.

사랑하는 자야! 이제 바위틈 은밀한 곳에서 떠나 나와 함께 가자. 겨울이 지나고 비가 그치고 꽃이 피고 열매를 맺고 새들이 노래하는 나의 새 창조가 이미 시작되었다. 내가 만물을 새롭게 하였노라. 새 하늘 새 땅으로 나아가자. 사랑하는 자야, 함께 가자!"

사랑하는 주님,

외로웠습니다.

홀로 견디기가 어려웠습니다.

주님이 저를 잊으신 줄 알았습니다.

두려웠습니다.

영원히 이 영혼의 어둠에서 헤맬 것 같았습니다.

힘겨웠습니다.

잘 살고 있는 척하며 괜찮다 말하며

아무렇지 않은 듯 연기했습니다.

그럴 때마다 영혼은 스올의 바다를 헤매고 다녔습니다.

사랑하는 주님,

나를 부르시는 당신의 음성에 응답하고 싶습니다.

사랑의 초대에 응답하려 합니다.

홀로 견딘 아픔의 기억을 놓아 주려 합니다.

새 창조의 희망의 언덕에서 잃어버린 딸을 다시 만나겠습니다.

이제는 주님의 손을 붙잡고 함께 가려 합니다.

희망의 노래를 부르겠습니다.

슬픔의 애가를 멈추겠습니다.

대신, 사랑의 노래를 부르겠습니다.

새 창조의 노래를 가르쳐 주신

주 예수 그리스도의 이름으로 기도합니다.

아멘.

이상이 내가 걸어온 상실의 여정이다. 한 걸음, 한 걸음 순례자의 마음으로 한 단어, 한 단어를 눈물로 써 내려온 영혼의 순례기다. 눈물의 골짜기를 지나고, 광야에서 길을 잃고 방황하기도 했다. 때론 긴 겨울의 터널을 통과해야 했다. 그래도 멈추지 않고 걷다 보니 어느새 시원한 바람이 불어오는 초원 위를 걷게 되었다.

죽음은 참혹했다. 가장 소중한 것을 잃은 것은 비참한 일이다. 다시 되돌릴 수 있다면 천 번이라도 그리하고 싶다. 하지만 소용없는 몸부림이라는 것을 안다. 다만, 이제는 복되다 말할 수 있겠다 싶다. 그렇게 말할 수 있는 이유는 내가 만난 새로움 때문이다. 나는 새로운 하나님을 만났다. 이전에 알던 분이 아니시다. 자비롭고 풍성하신 하나님이다. 내가 만든 우상의 틀을 깨고 나오신 자유의 하나님이시다. 이분을 새롭게 만나게 된 것이 가장 복된 일이다.

또한 새로운 삶을 살게 되었다. 비록 육신은 쇠약해졌을지라도 영혼은 그 어느 때보다 새롭다. 두려울 것이 없다. 소망으로 가득 차 있다. 자유롭다. 그 자유를 가지고 그분께 순종하며 살아갈 것이다. 이것이 진정한 사랑이다. 그분의 피조물로서 내가 할 수 있는 가장 최고의 사랑 표현이다. 새로운 삶을 살게 되었으니 이 어찌 복된 일이 아니라고 말할 수 있겠는가.

이 상실의 여정에서 수많은 순례의 선배를 만났다. 그분들에게 마음의 빚을 졌다. 그분들이 아니었다면 나의 순례의 길은 더욱 고되고 외로웠을 것이다. 이 글이 나오기까지 격려해 주신 출판사의 모든 분께 감사드린다. 이 복된 순례의 여정을 처음부터 함께한 아내 이영미와 아들 김유진에게도 사랑한다 말해 주고 싶다. 이전보다 더 사랑한다. 마지막으로, 이 책을 사랑하는 딸에게 보여 주고 싶다. 유나야, 사랑해. 딸아, CU SOON!

주(註)

1_ 레이먼드 카버, "별것 아닌 것 같지만, 도움이 되는"(《대성당》, 문학동네, 2014).

2_ 네이버 지식백과, 곡자(哭子).

3_ 라이너 마리아 릴케, 《소유하지 않는 사랑》(고려대학교출판부, 2003), 16쪽.

4_ 니콜라스 월터스토프, 《나는 사랑하는 사람을 잃었습니다》(좋은씨앗, 2014), 129쪽.

5_ 제럴드 싯처, 《하나님 앞에서 울다》(좋은씨앗, 2010), 50쪽.

6_ 윌리엄 폴 영, 《오두막》(세계사, 2017), 46쪽.

7_ 정혜신, 《죽음이라는 이별 앞에서》(창비, 2018), 38쪽.

8_ 박완서, 《한 말씀만 하소서》(세계사, 2004), 15쪽.

9_ 파이디온 어린이 CCM, "말씀 따라 여행을 떠나요."

10_ 김새별·전애원, 《떠난 후에 남겨진 것들》(청림출판, 2020), 187쪽.